CHAMPIONS INOUBLIABLES

le cherche midi

Le podium de ma vie, 28 juillet 1976, Montréal. Sur la plus haute marche, je savoure. Derrière moi, le Cubain Alejandro Casañas, deuxième de l'épreuve du 110 mètres haies. Devant moi, mon ami, l'Américain Willie Davenport.

CHAMPIONS INOUBLIABLES

Guy Drut

Avec Dominique Grimault
et Patrick Mahé

La jeune femme qui a illuminé mon adolescence, Colette Besson, qui, à la surprise générale, remportera aux J.O. de Mexico, en 1968, la course du 400 mètres.

À Percy Wigley, mon grand-père maternel,
Jacques Drut, mon père,
Pierre Legrain, mon père sportif,
Raymond Lorre, mon père spirituel,
Jacques Chirac, mon père politique.

À Véronique, mon épouse, si présente,
à nos enfants et petits-enfants.

Pour Jean-Pierre Rives, *«le rugby, c'est l'histoire d'un ballon avec des copains autour… Et quand il n'y a plus de ballon, il reste les copains ! »* D'un grand chelem à l'autre (deux en tout), le troisième ligne aile du Stade Toulousain – surnommé « casque d'or » en raison de sa blondeur naturelle – a sublimé son sport collectif, pas seulement en club, mais aussi en équipe de France (59 sélections de 1975 à 1984), notamment en 1977 quand, fidèle à sa maxime confiée au Figaro naguère, les quinze joueurs titulaires du XV de France – ses « copains » – ont disputé, dans son sillage de capitaine, l'intégralité des quatre rencontres du Tournoi des Cinq Nations.

Marie-Jo Pérec ou l'athlète sublime. Barcelone, 1992. Elle n'a qu'un objectif : devenir championne olympique du 400 mètres et ainsi rejoindre Colette Besson, sacrée vingt-quatre ans plus tôt. Le destin veut que Marie-Jo occupe le même couloir que sa devancière, le numéro 5. Le bel or sera au bout de cette course.

SOMMAIRE

NÉ EN 1950

HYMNE À L'AMOUR DU SPORT

Par Guy Drut

Il n'y a pas de sport populaire sans émotion. Une photo, c'est une empreinte. À vie.

Depuis très longtemps, au terme de ma carrière sportive dans les années 80, confronté à « la petite mort » du champion – entre nostalgie et mélancolie, phénomène classique, non sans trouble –, je portais l'idée de collecter les sensations les plus fortes ressenties à l'universel. Pour mieux les faire partager.

Né en 1950, j'ai tout de suite été baigné dans le sport. Percy, mon grand-père, d'origine britannique, était entraîneur de foot dans notre terroir du Nord. Jacques, mon père, était gardien de but à Oignies.

J'ai poussé comme un jeunot efflanqué, au point que les Polonais, nombreux dans la région, m'ont surnommé « Drrrroutt », pour Drut, mon patronyme, soit « fil de fer ».

Aujourd'hui encore, pour de vieux copains, je suis resté « Fil ».

À Oignies, ville minière, j'ai découvert le stade dans un landau. C'était le jardin public ouvert à tous. Naturellement, j'ai commencé par le foot. Mon premier costume de vie était aux couleurs du club, un maillot blanc à liseré bleu. Comme mon père, dès l'âge, de 12-13 ans, je jouais gardien de but.

Ma première idole est Léon Glovacki, Polonais d'origine, un ami de la famille. Mon grand-père avait été son premier entraîneur, à Thumeries, aux portes de Oignies. J'ai 7 ans, l'âge de raison, quand il m'offre mon premier survêtement et un maillot du Stade de Reims, où il formait un tandem magique avec Raymond Kopa. Il venait alors de quitter Reims pour Monaco.

Le Racing Club de Lens, et notre paysage des corons si fortement ancré, et le Stade de Reims restent les clubs de mon cœur, aujourd'hui encore.

C'est le club de Reims qui fournira la plupart des héros de l'épopée de Suède, lors de la Coupe du monde 1958 (qui révélera Pelé). J'ai encore dans l'oreille la voix de mon père, les cris de joie des parents et des copains, tous réunis autour du poste pour vibrer à cette aventure. Ma mère n'était pas la dernière à pousser derrière nos « tricolores ».

L'on voyait alors de rarissimes antennes, tels des mâts de cocagne, fleurir sur quelques toits comme un signe de ralliement pour les voisins et les amis.

Mes grands-mères avaient cassé leur tirelire pour offrir un poste grand comme une armoire, avec un tout petit écran, qui trônait au milieu du salon. Malheureusement, la Radiodiffusion-télévision française, déjà économe de ses sous, avait zappé le

plus bel événement de l'année. Mal lui en prit : l'équipe de France de Kopa-Fontaine-Piantoni franchirait tous les obstacles, dribblerait tous ses adversaires et Just Fontaine, l'avant-centre du Stade de Reims, transformerait les buts adverses en exercice de tir aux pigeons (13 buts), un record pour l'éternité...

À la vérité, mon amour du sport est né là.

Déjà, deux ans plus tôt, un Français, Alain Mimoun, avait remporté le marathon olympique à Melbourne. Et cette médaille d'or avait suscité un enthousiasme général. On ne parlait que de ses exploits dans le coron du Moulin situé juste en face de la maison. Dès qu'un gamin se mettait à courir, il s'entendait hurler dans son dos: *« Allez, Mimoun ! »* Au fond, j'ai toujours eu cette sensation d'avoir su courir avant de marcher ! Je ne faisais que courir : pour aller chercher le journal, un pain, je courais... Je n'en finissais pas de courir. Et si un grand me frôlait en voiture, je lui criais : *« Fais pas ton Fangio ! »*

Quand on voyait un cycliste passer le nez dans le guidon, on l'encourageait : *« Vas-y, Robic ! »*

C'était une époque formidable...

J'ai 14 ans, je pousse comme une asperge et ma mère commence à s'inquiéter. Elle me trouve trop malingre. Elle prend l'initiative de me présenter à Pierre Legrain, athlète de haut niveau, qui a participé à deux Jeux olympiques – Londres 1948, Helsinki 1952 – en tant que lanceur de marteau. Une petite « armoire à glace ». Il m'impressionne au premier coup d'œil. C'est un solide quadra, jovial, une belle gueule carrée. Il dégage une autorité naturelle.

Après quelques séances de course, de sprint, de saut en longueur, et même de lancer du disque, je me sens dans mon élément. Et je l'entendrai, un peu plus tard, souffler à mon père : *« Jacques, t'in garçhon, c'hest la classe mondiale... »* Parole de Ch'ti !

Ma première spécialité devient vite le saut à la perche. Je me retrouve avec ce drôle d'engin en métal dans les mains et je franchis mes premières barres. À Liévin, pour ma première compétition, je franchis 2,40 mètres. Paralysé par le trac et l'enjeu, j'étais aussi blême que mon maillot en atterrissant dans le sable du sautoir. Mais je reste un touche-à-tout. Pour les compétitions interclubs, puis interrégionales, Legrain me mettait à toutes les sauces. J'aimais bien le sprint, les haies, les sauts ; moins les lancers lourds, le demi-fond, en fait, tout ce qui dépassait le 400 mètres.

À partir de là, j'ai la tête au stade. Je passe le BEPC, quitte l'internat de Douai, en seconde, me rapproche de la maison et de mon club. J'obtiens des résultats satisfaisants au lycée et, parallèlement, je complète ma panoplie sportive.

La découverte des haies a été, pour moi, une révélation. Rien de tel pour travailler le rythme que de franchir les haies. J'étais loin d'imaginer en faire ma spécialité. Et pourtant...

J'ai 16 ans, j'ai pris 15 centimètres et quelques kilos ! Mon pote Alain-Pierre, le fils de Legrain, me chronomètre lors d'un test sur 80 mètres haies... Je fonce tête baissée. Il n'en croit pas son chrono : je viens d'égaler le record de France cadet en 10 secondes 5 ! Alain-Pierre court en parler à son père. Dubitatif, celui-ci me demande de refaire une course sur-le-champ. Pas le temps de souffler. Les haies sont à 91 cm de hauteur. Il y en a huit à franchir. Et là, stupeur : j'enchaîne, avec, encore, le record de France à la clé.

Quelques jours après, Legrain m'inscrit dans une épreuve officielle. Je confirme. Sans que je le réalise encore, ma carrière est lancée.

Fin juin 1968, j'égale le record de France junior du 110 mètres haies en 14 secondes 4. Record que je bats un mois plus tard. Comme pour fêter les anniversaires de mon père et de ma grand-mère maternelle, je fais coup double lors du match France-URSS junior à Dole (Jura) : je descends mon propre record à 14 secondes 1 et j'élève celui de la perche à 4,71 mètres... Je crois encore que mon avenir, c'est la perche.

À l'approche des Jeux de Mexico, je formule le vœu d'y être sélectionné pour le saut à la perche, et Robert Bobin, le directeur technique national, m'invite aux sélections à Font-Romeu. Espoir déçu : je me loupe. Les Jeux, ce sera devant la télé.

KOPA / PIANTONI / FONTAINE

COUPE DU MONDE DE FOOTBALL, SUÈDE, 1958

En 1958, on ne comptait encore qu'un million de postes de télé en France. Le public suivait les exploits de ses tricolores pendu à la radio, souvent à travers les ondes de postes grésillants. La « grande presse » ne débarqua en Suède qu'à partir des quarts de finale. Révélation alors du jeune Brésilien Pelé, 18 ans, et consécration du trio magique français Kopa-Piantoni-Fontaine, qui battent l'Irlande du Nord 4-0 à Norrköping. Avec 13 buts, Fontaine détient toujours le record des buteurs de la Coupe du monde.

Avec le décalage horaire, je suis souvent seul devant le poste.

Je vais vivre ces Jeux par procuration et vibrer aux actions de mes copains : Jacky Boxberger, Gérard Ugolini, Henry Elliot, Jacques Pani, et de mes idoles, Hervé d'Encausse, Roger Bambuck ou Marcel Duriez, formé à… Oignies.

Je pleure avec Colette Besson quand résonne *La Marseillaise.*

La France était amoureuse de Colette Besson… Je suis fasciné par le saut de Bob Beamon ; un extraterrestre. Il saute et… ne retombe pas. On doit même tirer le décamètre au bout du sautoir !

J'en suis encore au stade de l'apprentissage accéléré. En 1971, aux championnats d'Europe, à Helsinki, je prends une baffe : chute à la troisième haie dès les séries. Je n'ai pas su aborder la course dans les meilleures conditions. Je voulais trop en faire. Or, trop, c'est trop. Je n'avais pas su maîtriser mes émotions.

Leçon retenue.

Quatre ans après Mexico, je suis enfin sélectionné pour les Jeux de Munich. Mon objectif est simple : arriver en finale, c'est bien ; décrocher le podium, c'est mieux. Les trois Américains : Hill, Davenport, Milburn m'ont toujours battu. Ils paraissent hors d'atteinte. La finale a été décalée en raison de la tuerie de Septembre noir, les terroristes qui avaient pris en otage et abattu onze membres de la délégation israélienne. Nous sommes ravagés.

Journée de deuil.

Quand sonne la finale, je me retrouve au couloir 8. Je suis tout en maîtrise. J'ai bien retenu la leçon d'Helsinki. La médaille d'argent conquise derrière Rodney Milburn sonne comme une victoire, mais l'apothéose arrive. En trois temps : victoire aux championnats d'Europe à Rome en 1974 ; record du monde à Berlin en 1975, enfin, Montréal 1976…

Pour la première fois, je suis donné favori aux Jeux.

Et pourtant, consternation, je passe à travers la demi-finale, pour des raisons que je ne m'explique toujours pas. J'avais comme du plomb dans les pointes. Très vite, je me sens dominé par Alejandro Casañas, le Cubain. Du coup, je préfère, en terminant troisième, assurer ma place en finale. (Champion olympique des demi-finales… ça ne sert à rien !)

De favori, je retombe d'un coup dans l'image caricaturale du Français, éternel bon (ou mauvais) « perdant » qui craque au seuil de la finale.

Deux heures nous séparent de l'instant T.

Les doutes m'envahissent : *« Et si je perdais ? Comment amortir le choc ? Deux faux départs, une chute, la simulation d'une blessure ? »* Ces idées noires me traversent la tête. Je suis seul. Très seul. Trop seul. Plus personne n'existe.

Machinalement, je ramasse mes affaires, à la manière d'un « looser ». Je rejoins les miens, mes proches, assommés dans la tribune qui jouxte la zone de presse. Je rejoins le petit groupe « France ». Mes amis athlètes, mes potes footeux, Michel Platini et Olivier Rouyer, sont là. Ils sont comme gênés et regardent leurs godasses. J'ai la sensation que plus personne ne croit en moi.

À ce moment-là, j'imagine la désillusion qui a saisi tous ceux qui m'aiment : ma famille, Pierre Legrain, Raymond Lorre, président du Stade français, mon club, Raymond Dubois, mon entraîneur, mon médecin, Roland Krzentowski, et ses frères et, bien sûr, tous les supporters, douchés dans leur enthousiasme. Une triste soirée s'annonce pour eux. Il est 21 heures en France. Dans moins de deux heures, le glas pourrait sonner pour moi.

Mais non : je me révolte. Pas question de se dégonfler. Des mots de Jean-Claude Killy cognent dans ma tête. Un an plus tôt, il m'avait dit : *« Guy, si tu fais bien les choses, tu dois gagner. Mais, quoi qu'il arrive, dis-toi bien que le facteur distribuera toujours le courrier le lendemain… »*

Raymond Dubois me prend par la manche. Nous nous dirigeons vers le terrain d'échauffement. À peine arrivé, j'ai l'impression de lire un sourire narquois sur le visage de Casañas. Je me dis : *« Il se fout de ma gueule… »*

ALAIN MIMOUN

J.O. DE MELBOURNE, 1956

Aîné d'une fratrie de sept enfants issus d'une modeste famille d'agriculteurs, il s'engage à tout juste 18 ans dans le 6e régiment de tirailleurs algériens. Après la débâcle, il se livre à la pratique de la course à pied. Porteur du dossard 13, il entre dans le Melbourne Cricket Ground, devant 130 000 spectateurs, et il devient champion olympique 1956 du marathon, devançant son éternel rival et ami, Emil Zátopek. Trente-deux fois champion de France sur 5 000 m, 10 000 m, marathon et cross-country, Mimoun était d'abord le champion du peuple. Un enfant courait ou un vieillard s'y essayait, et l'on entendait : *« Vas-y, Mimoun ! »*

Je n'aime pas ça. Je sors, un peu contrarié et j'essaye de faire le vide. C'est alors que je retrouve mon ami – et adversaire – l'Américain Willie Davenport. Un modèle de fair-play. Nous trottinons ensemble. Soudain, Willie me souffle : *« Normalement tu dois gagner… mais méfie-toi du vieux »* (il a 32 ans et trois J.O. derrière lui ; moi 26 ans). Je respecte cet aîné.

Je me répète le film de la course idéale : d'abord dominer la première haie en position haute, en recherche de vitesse ; la 3 qui me pose régulièrement des soucis (elle me hante) ; la 5 afin d'aborder la dernière partie de course dans les meilleures conditions d'équilibre et de rapidité. La 10, enfin, où rien n'est encore gagné. Il reste alors 14 mètres à accomplir…

Enfin, la chambre d'appel !

À l'entrée, je retrouve l'ami Dubief, personnage totémique, paysan, vieux sage et membre du Conseil fédéral. Son expression apaisante me rassure.

Je ne regarde aucun de mes adversaires, mais je sens que tous m'observent. Pour eux, je suis redevenu l'homme à battre. La porte s'ouvre. Nous entrons dans l'arène : la minute de vérité.

Premier signe favorable, je reconnais le starter qui officiait quelques mois plus tôt aux championnats des États-Unis « indoor », que j'avais remportés au Madison Square Garden. Il a la silhouette typique d'un officier de l'armée des Indes, moustaches grises relevées.

Deuxième signe… Descend soudain des tribunes une voix forte et familière : *« Vas-y, Ch'ti ! On est avec toi ! »* Je reconnais alors Martine, l'épouse de Gérard Fenouil, médaillé olympique à Mexico.

Pour la première fois de l'année, je me sens serein. Tout va bien se passer… Je suis au couloir 5, je me moque des autres. Ils n'existent plus. Je suis dans MA course.

Et le film se déroule tel que je l'avais prévu.

Soudain, après la 10e haie, je sens Casañas se rapprocher sur ma droite. Je réalise ce que j'ai répété tant de fois à l'entraînement, le « cassé » final qui me laisse trois centièmes d'avance sur le Cubain. Davenport se classe troisième.

Et j'entre dans mon rêve…

Quarante-cinq ans plus tard, toutes ces images sont imprégnées en moi. Il y en a tant d'autres.

C'est cela, la magie du sport.

'ai bâti ce livre, avec mes amis, Dominique Grimault et Patrick Mahé, tel un véritable hymne à l'amour du sport. Beaucoup de disciplines sont célébrées, pas seulement à travers le prisme olympique, mais aussi grâce à la diversité des grandes communions sportives. Voyez ces photos, intimement sélectionnées, comme autant de coups de cœur.

De Nadia Comăneci à Yannick Noah, de Jean-Pierre Rives à Marie-José Pérec, de Pelé à Lionel Messi, de Florence Arthaud à Kylian Mbappé, de Teddy Riner à Tony Parker, de Jacques Anquetil à Julian Alaphilippe, d'Alain Prost à Carl Lewis, de Jean-Claude Killy à Katarina Witt, etc., c'est un bouquet d'étoiles qui rayonnent sur ce livre-album à travers nos décennies.

Pour sublimer leurs exploits, j'ai fait appel à des personnalités de tous horizons afin de mieux raviver nos souvenirs partagés.

Sans atteindre l'exhaustivité, vu la richesse infinie des événements et l'émotion qu'ils suscitent, ces CHAMPIONS INOUBLIABLES-là, hommes et femmes, ont jalonné nos existences. Leurs exploits demeurent indélébiles.

À titre personnel, ils m'ont aidé à me forger une devise : **« Apprendre, Entreprendre, Transmettre ».** ■

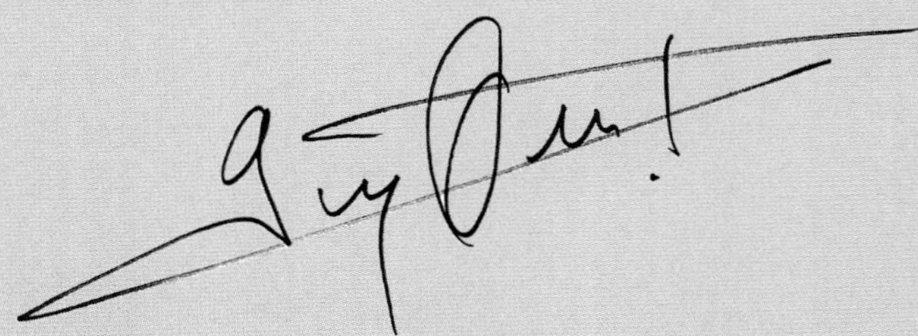

28 juillet 1976, 17h50 :
la délivrance...

MAURICE HERZOG

ANNAPURNA, 1950

La légende qui ouvre nos années 50 s'appelle Maurice Herzog. Avec ses compagnons de cordée : Lachenal, Terray et Rébuffat, le premier des « Conquérants de l'inutile », brandit au sommet de l'Annapurna – l'un des toits du monde au Népal – un piolet sur lequel flotte le drapeau français. En plein mois d'août, les estivants des plages découvrent à la une de *Paris Match* le « choc des photos » signées Marcel Ichac. Plusieurs alpinistes de l'expédition héroïque seront amputés des doigts, aux mains et aux pieds.

LA FRANCE AU SOMMET

Par Christian Brincourt

GRAND REPORTER RTL ET TF1

« Août, 10 h 30, Chamonix. Les premiers rayons du soleil couronnent les sommets des Drus. La lumière frappe de plein fouet le grand chalet familial de bois clair, sur la route des Nants. À pas mesurés, Maurice Herzog, 93 ans, s'appuie sur l'épaule de « Sissi », son épouse, pour aller prendre place à un petit-déjeuner tardif.

Depuis cinquante-trois ans, je partage avec le vainqueur de l'Annapurna une complicité personnelle et professionnelle. En ce matin d'été, dans le silence de la vallée qui s'éveille, je regarde cet homme usé par le temps, aux doigts absents, aux pieds mutilés, qui marche sur ses talons, mais au sourire toujours charmeur, en quête d'une séduction permanente. Pour les Français des années 1950-1960, il incarna à lui seul (ce qui lui fut souvent reproché) une fierté nationale retrouvée. En 1950, la France était exsangue, ruinée, humiliée par la défaite et la collaboration. Cette France avait besoin de références, de héros.

On ne peut, aujourd'hui, imaginer l'impact populaire de l'exploit réalisé le 3 juin 1950, à 14 heures. Stupéfaite, l'opinion découvrait, un mois plus tard, qu'une poignée de Français, fous furieux de la haute montagne, venait de faire flotter le drapeau tricolore sur l'Annapurna en Himalaya. Pour la première fois, des hommes, des Français, avaient vaincu (sans oxygène) un sommet de 8 075 mètres. De surcroît, ces héros devenaient des martyrs aux membres gelés et amputés.

Ils étaient deux au sommet, Louis Lachenal, guide de haute montagne, et Maurice Herzog, chef de l'expédition. C'est lui qui tendait son piolet vers un ciel noir, par – 40 °C avec un petit drapeau tricolore. À travers cette image qui fit la couverture du numéro 74 de *Paris Match*, la France retrouvait un certain sens de ses valeurs disparues, après cinq années de guerre. Herzog entrait vivant dans la légende. ■ »

En juillet 1963, la nageuse Christine Caron, 15 ans, s'élançant sur le dos dans une piscine, lors d'un entraînement. Le 23 juin précédent, elle avait battu le record d'Europe du 100 mètres dos…

MES ANNÉES 60

KIKI, COLETTE, FEMMES, JE VOUS AIME…

La blonde et la brune.

Kiki Caron, «la plus belle pour aller nager…». Nous sommes tous amoureux d'elle. Elle est la première étoile du sport français féminin. Toute la France s'était levée dans l'espoir de la voir s'imposer aux superstars américaines. Recordwoman du monde du 100 mètres dos, elle ne sera que médaille d'argent aux J.O. de 1964, un argent qui, pour nous, avait la valeur de l'or. Lumineuse, rayonnante, l'icône à gueule de rockeuse entre dans la magie de *Salut les copains*. Et son poster orne le mur des chambres de fans, à l'instar de celui de Sylvie Vartan. Pour nous tous, elle est: «La plus belle pour aller nager…»

À la «Kikimania» succédera quatre ans plus tard, en une seule ligne droite, une vague d'amour pour Colette Besson. La brune à queue-de-cheval. Dite «Cendrillon», Colette n'a qu'un objectif pour la finale du 400 mètres à Mexico. 16 octobre: je suis sur le canapé, chez mes parents, à Oignies, devant la télé. Je suis heureux de la voir en finale. Personne ne s'attend à ce qu'elle gagne. Dossard 117, elle se présente dans son couloir. Dernière ligne droite: divine surprise. *La Marseillaise* fait pleurer la France entière. Je fonds en larmes avec elle, si attendrissante sur le podium.

Et puis, le choc Bob Beamon: 20 foulées d'élan et comme un saut dans l'espace. Et la «révolution Fosbury». Il invente une technique: le «Fosbury-flop», qui balaye la tradition du saut en ventral.

Autre coup de poing de ces années-là: l'incomparable Cassius Clay, qui deviendra Mohamed Ali. Sa devise: «Vole comme le papillon, pique comme l'abeille et vas-y, cogne, mon gars. Cogne!» Il ouvre la décennie par un titre olympique en 1960 à Rome.

Chez nous, en France, l'année avait commencé sur une brassée de lauriers aux Jeux d'hiver, à Grenoble. L'équipe de France de ski des années 60, avec pour leaders Jean-Claude Killy, Léo Lacroix, Guy Périllat ou Georges Mauduit pour les hommes et, pour les femmes, les sœurs Goitschel, Annie Famose, Isabelle Mir ou Florence Steurer, cette équipe renverse les montagnes, sous la houlette d'Honoré Bonnet. Nous sommes restés amis et partenaires de golf.

Au pied d'autres montagnes, notamment au puy de Dôme, le coureur le plus populaire – Raymond Poulidor, dit «notre Poupou national» –, défie le seigneur du peloton, Jacques Anquetil. Avec eux, la France est coupée en deux. Leur ascension, épaule contre épaule, orgueil contre orgueil, ancre à jamais la légende du Tour; mieux, du sport, à la façon d'une image d'Épinal.

Surgira du brouillard, à Newport, Éric Tabarly, dont la victoire inattendue dans la Transat lancera la vogue de la voile en France. À terre – sur cendrée –, un homme, à sa manière, entre dans le cœur des hommes. La télévision relaie, en direct, chacun de ses neuf records du monde: Michel Jazy, un modèle. Et pour moi, un futur ami qui sera toujours, et en toutes circonstances, à mes côtés. ■

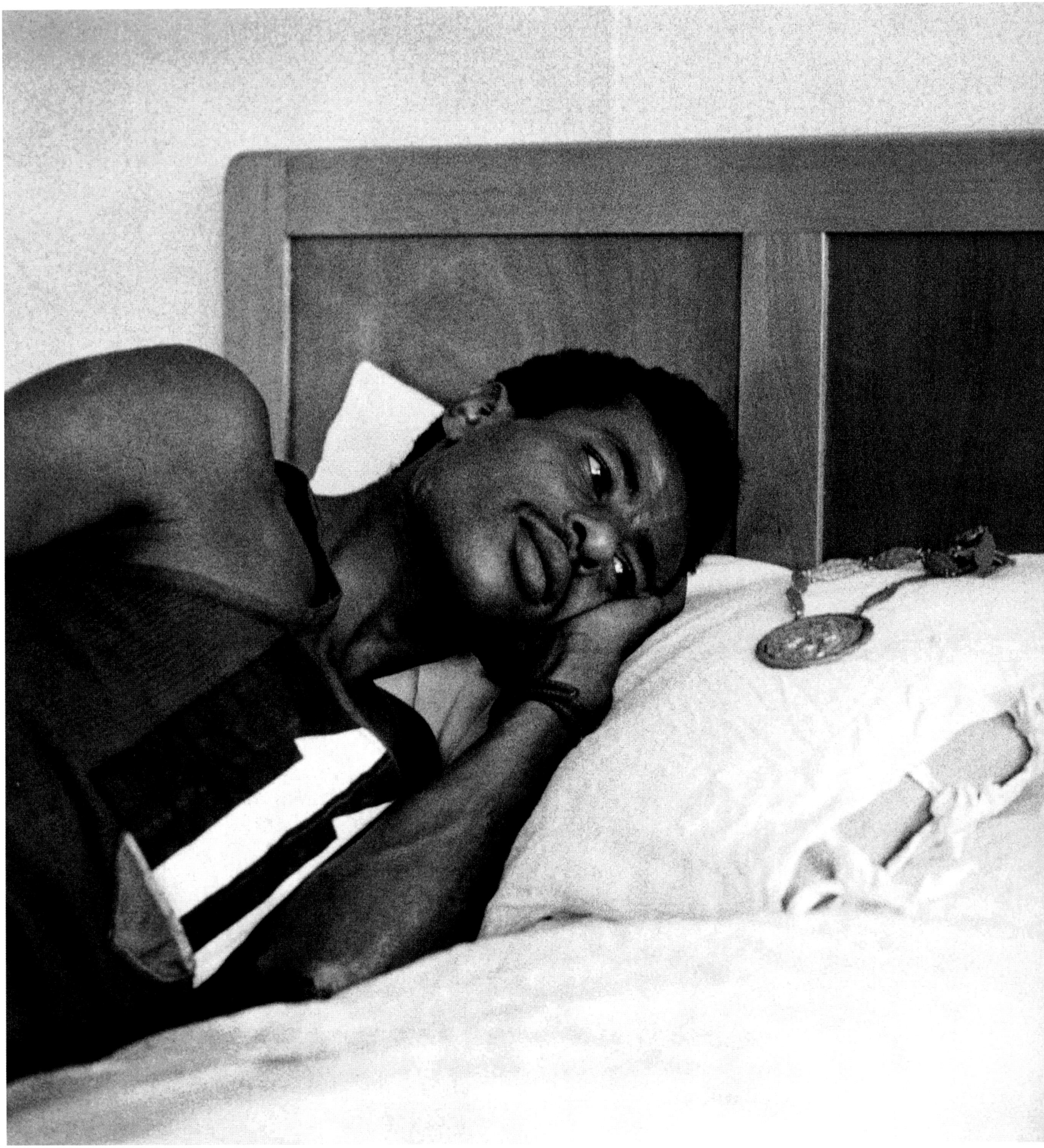

ABEBE BIKILA

J.O. DE ROME, 1960

En nocturne, en solo, il remporte le marathon des J.O. de 1960, à Rome. Il est pieds nus ! Il a bien tenté, l'athlète éthiopien, de trouver des chaussures, mais aucune ne convient, pire : il développe même des ampoules. Après la course, il refuse de s'asseoir et de boire. Il est le premier athlète d'Afrique subsaharienne médaillé d'or olympique. Quatre années plus tard, il récidive à Tokyo, avec plus de quatre minutes d'avance sur le suivant. La ligne d'arrivée franchie, le voilà qui entame une série d'étirements. Cet homme n'est pas un homme comme les autres. La fatigue ne l'atteint jamais. Et pourtant, il mourra en 1973 d'une hémorragie cérébrale. Il avait 41 ans.

U.S.A

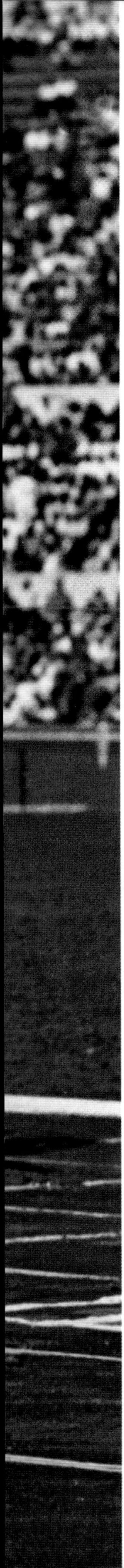

WILMA RUDOLPH

J.O. DE ROME, 1960

On la surnommait la « Gazelle noire » ou la « Perle noire ». Après une enfance marquée par la maladie, et surtout par une poliomyélite qui devait la priver de l'usage normal de sa jambe gauche, mais grâce à des soins intensifs, elle parvient à l'âge de 11 ans à marcher. Puis, bientôt, à courir. Quelque chose d'un miracle. Aux J.O. de Rome, en 1960, elle écrase les épreuves de sprint sur 100 mètres et plus encore sur 200 mètres quand la deuxième, l'Allemande Heine, est repoussée à 4 dixièmes, et, bien sûr, le relais 4 x 100 mètres avec ses équipières américaines. Wilma Rudolph, par son histoire, son œuvre, dépasse largement le cadre du sport. Ne l'oublions jamais.

LA « GAZELLE » DU TENNESSEE

Par Thomas Bach

PRÉSIDENT DU COMITÉ INTERNATIONAL OLYMPIQUE

« Lorsqu'on me demande quels sont mes premiers souvenirs des Jeux olympiques, un nom me revient en quelques secondes: celui de Wilma Rudolph, entrée dans la légende olympique à Rome en 1960. J'avais 6 ans et c'était le début de la télévision. Tout de suite, j'ai été fasciné de voir ces grands champions à l'écran: comme Abebe Bikila remportant le marathon pieds nus ou Cassius Clay remportant sa médaille d'or en boxe, avant d'être mondialement connu sous le nom de Muhammad Ali. Mais la championne qui m'a le plus impressionné et qui restera à jamais gravée dans ma mémoire, c'est Wilma Rudolph. Si tout le monde l'appelait la « Gazelle » parce qu'elle associait puissance, vitesse et élégance, pour moi, elle était tout simplement la femme la plus rapide du monde

Et ce qui m'a encore le plus impressionné, c'est quand j'ai appris plus tard qu'enfant, elle avait été paralysée par la polio et que les médecins lui avaient dit qu'elle ne marcherait plus jamais. Mais elle n'a jamais abandonné son rêve olympique et a défié tous les pronostics en devenant la plus grande sprinteuse au monde, et la première Américaine triple championne olympique.

Wilma Rudolph fait partie de ces athlètes qui ont dépassé le simple cadre du sport pour s'inscrire en symboles de ce qu'est un champion: au-delà d'être un vainqueur, c'est aussi et surtout un modèle, quelqu'un qui va se surpasser et transmettre sa passion pour le sport aux jeunes générations. En s'engageant au-delà du seul terrain de sport et en se battant pour l'égalité avec le même courage et la même détermination qu'elle avait enfant pour vaincre la maladie, Wilma Rudolph a quelque part forgé mon opinion sur l'importance du sport et de ses valeurs dans la société.

Il y a un dicton qui dit que les premières impressions durent éternellement. Wilma Rudolph a été ma toute première impression de ce qu'est un vrai champion et son histoire incroyable m'inspire encore aujourd'hui. La photo d'elle que je garde juste à côté de moi dans mon bureau est là pour me rappeler: « Ne sous-estimez jamais le pouvoir des rêves. » ■ »

ANQUETIL / POULIDOR

TOUR DE FRANCE, 1964, ASCENSION DU PUY DE DÔME

ÉPAULE CONTRE ÉPAULE

Par Emmanuel Macron

PRÉSIDENT DE LA RÉPUBLIQUE

« Incroyable instantané de la magie du Tour de France que cette photographie de duel qui a des allures de duo. Les éternels rivaux, Jacques Anquetil, le victorieux, et Raymond Poulidor, le malchanceux, le superbe premier et le second magnifique, sont épaule contre épaule. Le cliché est à l'image du classement, où les deux athlètes sont au coude à coude.

En 1964, durant ce Tour que les amoureux de la Grande Boucle appellent le « Tour du siècle », les « anquetilistes » attendent le cinquième sacre de leur champion et les « poulidoristes » espèrent un putsch de leur héros.

Ce 12 juillet, dans la mythique ascension du puy de Dôme, « Poupou », en grimpeur hors pair, sait qu'il peut voler la tunique d'or à « Maître Jacques ». Le Limousin n'a que 56 secondes de retard sur le Normand. Les Français, massés par milliers sur les bords de la route et suspendus par millions à leur transistor ou à leur poste de télévision, retiennent leur souffle.

Dans la dernière côte, Anquetil souffre, mais il s'accroche à la roue de Poulidor, mieux: à ses pédales, à son guidon, au risque du déséquilibre. Amis et rivaux, l'attaque de Poulidor va bientôt les séparer. Au dernier kilomètre, il rompt l'attelage, s'élance, gagne quelques centaines de mètres. Assez pour ravir ses admirateurs, trop peu pour ravir le maillot jaune. Car, même dans ce jour « sans », l'inébranlable pugnacité de Jacques Anquetil éclate au chronomètre: il n'a concédé que 42 secondes à son adversaire.

Finalement, Anquetil remporte son cinquième Tour de France en laissant Poulidor à 55 secondes de son rêve, à une marche du sommet. Le premier a battu les records, mais c'est le second qui a fait battre les cœurs. L'un est devenu le champion du Tour, l'autre son héros moral.

Sur la ligne d'arrivée de l'histoire, deux vainqueurs donc: le roi des podiums et l'as des foules. Et une étape d'anthologie, qui a poussé des milliers d'enfants à enfourcher leur vélo pour rejouer ce duel épique dont l'image a fait le tour du monde et forgé la légende du Tour. »

Jacques Goddet, directeur emblématique du Tour, l'a dit lui-même : *« 1964, c'est le Tour des Tours. »* Il repose sur une dramaturgie idéale. Elle oppose deux héros : l'un, Jacques Anquetil, le preux quasi invincible, en tunique jaune immaculée, et son vassal, Raymond Poulidor, idole du grand public, qui le surnomme familièrement « Poupou », pour ne pas dire « Popu ». Duel homérique au puy de Dôme, épaule contre épaule et verdict à l'arrivée pour une poignée de secondes : Anquetil, vainqueur. Poulidor, « éternel second ».

BP
ACTUALITÉS TÉLÉVISÉES
R.T.F
TOUR DE FRANCE 1964

CHRISTINE CARON

J.O. DE TOKYO, 1964

Elle est belle, blonde, gouailleuse, moderne, désinvolte. Elle nage dans le bonheur. Chaque semaine, elle reçoit 12 demandes en mariage. À Tokyo, au mois d'octobre 1964, c'est la consécration avec une médaille d'argent au 100 mètres dos. La performance lui vaut d'être reçue par le général de Gaulle qui lui dit : *« Ah ! On vous voit plus souvent que moi à la télévision... »* Tout le monde l'appelle Kiki. Elle sera la première athlète française à être porte-drapeau lors de la cérémonie d'ouverture des J.O. 1968, à Mexico.

LA PIONNIÈRE DES « SIXTIES »

Par Sophie Kamoun

CHAMPIONNE DE NATATION,
CONSEILLÈRE EN COMMUNICATION

« Sa biographie a longtemps trôné sur ma table de chevet. En couverture, « Kiki », ses cheveux blonds tirés en arrière, souriante dans un maillot de bain rouge vif. Toutes les pages ont été écornées par mes doigts de petite fille, toutes les photos scrutées dans les moindres détails. Kiki, 15 ans et déjà championne, forçait l'admiration. Plusieurs records d'Europe et même un record du monde dans la piscine mythique des Tourelles. J'ai souvent nagé dans ce bassin en pensant aux exploits de Kiki. Madame Berlioux, son entraîneur, était bien plus qu'une coach. Très dure, la soixantaine sévère, elle va pousser sa Kiki toujours plus loin, toujours plus vite. Le travail, la rigueur, l'humilité, l'intégrité. Une leçon bien retenue, valable dans la compétition de haut niveau comme dans la vie. Gravée pour toujours dans un coin de ma tête.

À l'aube de la grande vague contestataire de 1968 qui voit s'exprimer des mouvements revendiquant la « libération des femmes », Kiki devient la coqueluche des Français. La jeunesse des années 1960 s'identifie à cette môme d'origine modeste qui se bagarre pour réussir. Un modèle qui fait rêver, car elle se veut libre comme Brigitte Bardot qu'elle admire. Kiki croque la vie à pleines dents, curieuse et avide des cultures qu'elle rencontre lors de ses nombreux voyages sur tous les continents, où elle est reçue tantôt par des présidents, tantôt par des rois. Sans s'en rendre vraiment compte, Christine est une pionnière. Elle devient la première femme française, et l'une des premières du monde, à conduire sa délégation lors de la cérémonie d'ouverture des Jeux olympiques de 1968. Porte-drapeau ! Imaginez le contexte de l'époque, c'est un pas de géant pour le sport féminin et l'émancipation de la femme.

La première fois que j'ai lu sa biographie, j'étais trop jeune pour voir plus loin que l'aspect sportif. Depuis, j'ai appris à admirer bien davantage ce que représentait la nageuse Christine Caron. Une femme libre et émancipée, symbole de tout ce que l'international apprécie de la culture, de la liberté, de l'esprit et de la classe à la française.

En 2024, nous fêterons les 60 ans de son exploit de Tokyo, et bien plus encore... Nous célébrerons celle qui a fait rêver tant de générations, ouvert la voie à tant de jeunes nageuses, ses dignes héritières olympiques, comme Laure Manaudou ou Camille Muffat. Christine Caron a suscité tant de vocations et aidé tant de femmes à se sentir fortes et libres ! À travers toi, Kiki, on pense à ces générations de femmes qui ont fait la France que tu as tant servie et qui t'aime tant. ■ »

MARIELLE ET CHRISTINE GOITSCHEL

J.O. D'INNSBRUCK, 1964

Elles ne vont jamais l'une sans l'autre. Marielle est tout en gueule, tout en sourire. Christine est discrète, tout en réserve. Deux sœurs qui, sur les pentes neigeuses, éclatent en plein soleil. Quand ce n'est pas l'une qui gagne, c'est l'autre. Leur moment de gloire et de grâce commune vient le 1er février 1964. Elles décrochent un doublé aux Jeux d'Innsbruck, l'or et l'argent dans les deux slaloms, géant et spécial. Du jamais-vu, ni en ski ni ailleurs. Marielle tapera dans l'œil du général de Gaulle qui en fera sa sportive préférée. Elle obtiendra deux médailles d'or olympiques et sept titres de championne du monde, après avoir été, à ses débuts, à 16 ans et demi, la plus jeune championne du monde du combiné. En nos mémoires, les sœurs Goitschel n'en finiront jamais de glisser et de gagner. Et de nous faire rire, Marielle surtout.

OLYMPISCHE WINTERSPIELE
IX

ÉRIC TABARLY

TRANSAT EN SOLITAIRE, NEWPORT, 1964

UN AUTRE 18 JUIN

Par Erik Orsenna

ÉCRIVAIN, MEMBRE DE L'ACADÉMIE FRANÇAISE

« Croyez-le ou non, il fut un temps, un temps d'avant la *Connexion générale*, il fut un temps où l'on avait le droit de disparaître. En cette fin de printemps 1964, un jeune marin de 32 ans décide de ne plus répondre à personne. Il ne s'occupe que de son bateau pour traverser au plus vite l'Atlantique. Soudain, face à Newport, la brume et le silence se déchirent. Une foule l'entoure. Il a gagné la plus belle des courses. Un diplomate lui tend le télégramme d'un certain Charles de Gaulle : je vous décore de la Légion d'honneur. Il faut dire que le jeune marin avait bien choisi sa date : le 18 juin, pour fêter le célèbre « appel » de ce général et pour venger devant les Anglais la défaite de Waterloo.

Ce 18 juin, Éric Tabarly a rappelé aux Français que la mer n'était pas seulement *« ce qu'ils avaient dans le dos quand ils remontaient de la plage »*. »

Émergeant des brumes qui plombent la baie de Newport, à la pointe de l'État du Rhode Island, un nouveau « Gatsby », moins couvert d'or, mais tout aussi flamboyant, surgit à la barre du *Pen Duick* (« tête de mésange noire », en breton), un ketch de 13,60 mètres, héritier des chantiers Fife, en Écosse… Il s'appelle Éric Tabarly, il a 32 ans. Officier de marine, le skipper de La-Trinité-sur-Mer remporte l'OSTAR, la Transat anglaise. En 27 jours, 3 heures et 56 minutes, il pulvérise le record de la traversée de l'Atlantique.

Pour la Transat en solitaire de 1964, Éric invente pour *Pen Duick II* une table à cartes sur cardan. Cette table est suffisamment grande pour y déplier une carte, voire y dormir.

ALI / LES BEATLES :
QUATRE GARÇONS SOUS LE CHOC

À ma droite : Cassius Clay. Il n'a que 22 ans. Fraîchement sorti du ghetto de Louisville (Kentucky), il ne se convertira qu'un mois plus tard à l'Islam et prendra le nom de Mohamed Ali. À ma gauche, comme « défrisés » sous le poing ganté du boxeur quasi invincible, et tombant comme des dominos, quatre gamins aux cheveux (mi-)longs issus des quartiers populaires de Liverpool (non loin d'Anfield Road et d'Everton) : Les Beatles. On est en 1964. Surfant sur la vague du « Swinging London », ils débarquent en Amérique comme pour défier le King,Elvis Presley. Pour la promo, les voici propulsés sur le ring du marketing où, scénario oblige, ils tombent au pied du champion.

MOHAMED ALI

K.O. DE SONNY LISTON, CHAMPIONNAT DU MONDE, ÉTATS-UNIS, 1965

104 SECONDES
Par Édouard Philippe

ANCIEN PREMIER MINISTRE, MAIRE DU HAVRE

« Lewiston, Maine. 25 mai 1965. Dans cette petite ville du nord-est des États-Unis, le charme tranquille du printemps va être interrompu par une tempête dont le nom s'apprête à devenir une légende.

Un an auparavant, Cassius Clay avait battu, à la surprise générale, le grand Sonny Liston. Puis il était devenu Mohamed Ali.

Il fallait une revanche. Elle aurait dû avoir lieu à Boston, mais, au dernier moment, c'est Lewiston qui fut préférée, en raison des difficultés d'organisation liées, notamment, à la réputation contestée des deux boxeurs. L'assassinat de Malcolm X, les tensions liées aux engagements politiques et religieux d'Ali, les relations incestueuses entre la mafia et le monde de la boxe, la volonté de revanche de Liston et le sens de la provocation d'Ali : tout concourait à une tension maximale.

Le combat dure à peine 2 minutes. 104 secondes. Ali touche trois fois dont une dernière droite (le fameux « coup fantôme ») qui fait tomber Liston. Et ce qui n'aurait pu être qu'une péripétie de premier round devient l'Histoire : Liston ne se relève pas tout de suite ; Ali, au lieu de revenir dans son coin, éructe au-dessus de Liston, en lui enjoignant de se relever et de venir se faire étriller ; l'arbitre, qui essaie de contenir Ali, ne compte plus véritablement. Liston ne se relève pas. Ali, suprême et enragé, triomphe. Neil Leifer, jeune photographe, saisit l'instant. À l'époque, la photographie ne sera guère remarquée. Elle est aujourd'hui l'une des plus mythiques de l'histoire de ce sport, et peut-être de tous les sports. »

Sans doute le K.O. infligé par Mohamed Ali à Sonny Liston, en 1965, fait-il partie du « Hall of Fame » de la photo de sport. Muscles saillants, celui qui ne veut plus qu'on l'appelle Cassius Clay toise son rival abattu gisant à ses pieds sur la toile du ring. Au-delà de la beauté mythique de la scène saisie à Lewiston (État du Maine) naîtra la légende du champion de Louisville devenu « roi du monde » : *« Il vole comme un papillon, pique comme une guêpe et ses adversaires tombent comme des mouches. »*

Sonny
Liston

JEAN-CLAUDE KILLY

J.O. DE GRENOBLE, 1968

MON IDOLE
Par Michel Drucker

PRODUCTEUR ET ANIMATEUR DE TÉLÉVISION

« Janvier 1968, Jeux olympiques de Grenoble. Je suis au pied de la piste de Chamrousse, quand un ange blond de 25 ans gagne l'épreuve reine du ski alpin, la descente. Il bat de huit centièmes son copain Guy Périllat, dont le temps canon paraissait pourtant imbattable. Huit centièmes séparent les deux stars du ski français. L'espace d'une spatule, après 2,2 kilomètres de folie.

Ce jour-là, Jean-Claude va devenir mon idole pour toujours. Plus de cinquante ans après, ce champion hors normes est resté ma boussole. Tout au long de ma vie, je l'ai régulièrement consulté pour faire le point sur ma carrière et pour savoir si je tenais bien toujours le cap. J'aime Killy parce qu'il a réussi l'exploit de déchausser définitivement ses skis, après avoir raflé trois médailles olympiques et réussi la plus belle reconversion de toute l'histoire du sport, toutes disciplines confondues.

Dans les dix ans qui ont suivi son triomphe à Grenoble, il a fait connaître le ski français à toute l'Amérique. Après avoir été la figure emblématique des plus grandes marques américaines, comme Coca-Cola et United Airlines, il fonde sa propre marque de vêtements de sports d'hiver. Mais Killy, c'est aussi et surtout les Jeux olympiques d'Albertville, qu'il créera en compagnie de son ami Michel Barnier et qui contribueront à l'essor de toute l'économie de la Savoie.

Plus de vingt ans plus tard, à la demande de Vladimir Poutine, il organisera avec succès les Jeux olympiques de Sotchi. Entre-temps, ce surdoué prendra la direction du Tour de France pendant plusieurs années, faisant connaître la plus grande course cycliste du monde, dans toute la planète.

Jean-Claude Killy est devenu un ami proche, et je n'oublierai jamais sa présence à mes côtés, au cours de cette année douloureuse, que j'ai passé en partie à l'hôpital. Et le rameur qu'il m'a offert me permet de me rééduquer chaque jour en pensant à lui. »

Merci, Jean-Claude. ■

Trois médailles d'or et un physique de jeune premier : une étoile française brille au firmament du ski alpin. Rien ne lui résiste : descente (épreuve reine), slalom, géant. Trois médailles d'or sur un Graal des trois possibles ! « L'homme ski » renvoie Karl Schranz, son rival autrichien, à l'horizon blanc de ses Tyroliennes. À 24 ans, Killy a connu tous les honneurs et colle à la définition d'Oscar Wilde : *« Dans la vie, il n'y a que deux tragédies. La première est de ne pas avoir obtenu ce que l'on désire. La deuxième, d'avoir tout obtenu. »*

MICHEL JAZY

1966

L'ange de la piste. Il a été l'un des premiers sportifs français aussi médiatisé et populaire. Durant toute sa carrière dans les années 60, il a reçu plus de 500 000 lettres de fans et continue aujourd'hui, à plus de 85 ans, à signer des autographes. Il a établi neuf records du monde, du 1500 mètres au 5 000 mètres, et le plus souvent, ces exploits étaient retransmis en direct à la télévision. Une performance unique, jamais égalée par un athlète français. Seule ombre au tableau : sa défaite en finale olympique du 5 000 mètres, à Tokyo, en 1964. Un jour de pluie et de tristesse. Comme une injustice.

BOB BEAMON

J.O. de Mexico, 1968

Finale du saut en longueur aux J.O. de Mexico de 1968. 18 octobre. Le temps est orageux. L'Américain Bob Beamon, dossard 254, est le premier à s'élancer. Sa course est rapide, son appel parfait, et il s'envole littéralement. 8,90 mètres, soit 55 centimètres de plus que le précédent record du monde. Les juges ont dû recourir à un mètre à bande métallique pour mesurer le saut. La performance de Beamon dépasse de loin tout ce qui était imaginé. C'est le saut du XXe siècle. Ce record tiendra vingt-deux ans et dix mois !

254
68

102
5
117
69

COLETTE BESSON

J.O. DE MEXICO, 1968

UNE FEMME LIBRE

Par Anne Hidalgo

MAIRE DE PARIS

Le 16 octobre 1968, à 22 ans, elle crée une formidable surprise en devenant championne olympique du 400 mètres des J.O. de 1968, battant la grande favorite, la Britannique Lillian Board, sur le fil. Après une extraordinaire dernière ligne droite. La France découvre « sa petite fiancée » qui pleure à chaudes larmes lorsque retentit l'hymne national. Le pays entier s'en émeut. Colette est entrée dans la grande histoire, chevelure brune au vent, les yeux humides.

« C'est drôle comme parfois les souvenirs d'enfance sont d'une précision inouïe. Et la victoire de Colette Besson aux 400 mètres des Jeux olympiques de Mexico en 1968 en fait partie.

Je n'ai alors que 9 ans en ce 16 octobre 1968 dont je n'oublie rien. Assise devant la télévision avec ma sœur et mes parents, nous observons, ébahis, cette femme de 22 ans franchir la ligne finale, en tête. Dossard 117, couloir 5.

Je me souviens de ces 300 premiers mètres, subis. Puis de ce rattrapage exceptionnel dans les derniers mètres. Je vois encore ces concurrentes qu'elle dépasse, une à une. Jusqu'à dépasser la grande favorite, la Britannique Lillian Board.

À la surprise générale, la jeune Charentaise remporte l'épreuve et bat, à cette occasion, un nouveau record en Europe et s'approche, d'un dixième de seconde seulement, du record du monde.

Puis je me souviens de ses larmes quand résonnent les premières notes de *La Marseillaise* sur le podium.

Rien pourtant ne prédestinait Colette Besson à réussir à un tel exploit et à devenir championne olympique. Quand débutent les Jeux, elle ne réalise que le 23e temps des concurrentes en lice. Mais, ce jour-là, ce 16 octobre 1968, dans la dernière ligne droite, elle déjoue tous les pronostics.

Très vite, elle devient un symbole pour toute une génération de jeunes filles. J'admire alors sa force, son courage, sa détermination. Mais aussi son sourire, son charisme, sa sympathie.

Des années plus tard, j'aurai la joie de la rencontrer et le plaisir de découvrir que mes impressions étaient vérifiées : oui, elle était tout à la fois une grande athlète et une femme d'une immense gentillesse.

Plus récemment, à l'occasion d'une visite à Mexico, j'ai tenu à me rendre dans le stade où elle avait reçu, aux yeux du monde entier, sa médaille. J'ai voulu lui rendre hommage, la remercier d'avoir été, pour la petite fille que j'étais, une source inépuisable d'inspiration, une femme qui m'a fait rêver et donné l'envie de toujours me dépasser pour vivre de grandes et belles aventures. ■ »

DICK FOSBURY

J.O. DE MEXICO, 1968

À 16 ans, il a découvert que s'il se retourne et qu'il balance ses épaules vers l'arrière, son bassin monte plus haut qu'avec les méthodes traditionnelles, et qu'il passe la barre plus facilement. Mexico, 1968. La façon de sauter de Fosbury enchante et envoûte le public. « *Oh !* », s'écrie la foule à chacune de ses tentatives. Il passe les cinq barres proposées à son premier essai. Avant de franchir 2,24 mètres. D'abord, le saut est refusé ! Mais les juges finissent par l'accepter. Dans le règlement, rien n'interdit une telle technique. Seule obligation : ne prendre l'appel que d'un seul pied. Le « Fosbury-Flop » est né, qui va révolutionner le saut en hauteur pour toujours.

Mireille Darc, Jean-Claude Bouttier et Alain Delon en 1974 au 41e gala de l'Union des artistes, à Paris.

MES ANNÉES 70

DES COULISSES À LA SCÈNE

Ce sont mes plus belles années. Recordman du monde, puis champion olympique, j'entre dans le grand livre du sport. Acteur, je baigne dans le monde des acteurs et je fréquente toutes celles et ceux qui nourrissent nos rêves.

Je suis très proche de Jean-Claude Bouttier. Je l'aime comme un frère. Deux fois, il affrontera Carlos Monzón, à mes yeux le plus grand poids moyen de la décennie. Premier combat, le 17 juin 1972 à Colombes. Arrêt de l'arbitre au 13e round, à cause d'une hémorragie de Jean-Claude. La revanche est fixée au 29 septembre à Roland-Garros. C'est Alain Delon qui organise le championnat du monde. Il a dressé un ring dans sa propriété de Douchy. J'y revois le sourire soleil de Mireille Darc...

En 1976, la France est verte. Saint-Étienne domine l'Europe du foot. Il y a vingt ans que l'on attend cela, depuis le Stade de Reims. Les Français courent, dribblent, tirent au but avec Larqué, Lopez, Rocheteau, Oswaldo Piazza et les frères Revelli. Je serai à Glasgow pour la finale « maudite » perdue pour une histoire de poteaux carrés à Hampden Park. L'hiver suivant, je serai à l'entraînement avec eux. Je suis champion olympique... Et je joue avec les Verts ! Je vole avec les pointes, je souffre avec les crampons ! Et la nuit n'en finit pas : une bamboche raisonnable avec les Verts !

Côté foot, pour moi, les deux plus grands : l'un s'arrête en 1970, illuminant la Coupe du monde au Mexique. J'ai toujours dans les yeux le premier but de Pelé en finale contre l'Italie, sur un centre de Rivelino. Incroyable mais vrai, j'ai eu l'énorme privilège de jouer avec Pelé (et Puskás) en Belgique, pour une œuvre caritative. Il a dédicacé son maillot pour mon père : *« A minho amigo, Jacques »*, qui en a pleuré d'émotion. Il l'a aussitôt placé dans son bureau entre la photo de l'AS Monaco (avec Glovacki) et celle du Stade de Reims (avec Glovacki toujours). Il l'a emmené dans son cercueil.

Et puis Johan Cruyff, leader des Rolling Stones du foot : l'équipe des Pays-Bas et de l'Ajax Amsterdam, au « football total ».

Parmi mes amis de cette décennie dorée, deux rugbymen d'exception : Jean-Pierre Rives, « l'ange blond » du XV de France, alias « Casque d'or », et Gareth Edwards, le demi de mêlée du pays de Galles, un funambule insaisissable et attachant – et si attaché à la terre de ses ancêtres (*Land Of My Fathers*).

À Montréal, au village olympique, j'ai croisé deux monstres sacrés, dignes d'Hollywood : Nadia Comăneci, la petite fée roumaine. Elle fait exploser les compteurs en alignant les 10, la note parfaite. Enfin, Mark Spitz, le sublime papillon des bassins : sept médailles d'or. Je n'oublierai jamais ses adieux aux bassins : *« Depuis Mexico, j'avais une revanche à prendre. J'étais censé obtenir six médailles. J'avais échoué. Je suis venu à Munich comme un vieil homme qui veut réussir son "come-back". »* Il avait... 22 ans ! ■

ALIMENTARI

EDDY MERCKX

TOUR DE FRANCE
1969, 1970, 1971, 1972, 1974

Cinq victoires au Tour de France, cinq au Giro (Tour d'Italie), un Tour d'Espagne, trois championnats du monde professionnels et un en amateur… En deux lignes tout est dit du surnom donné à Eddy Merckx alias « le Cannibale ». En 13 saisons, le cycliste belge a remporté 625 courses dont une centaine sur piste. Pas un hasard si, élu « athlète belge du XXe siècle », l'Union cycliste internationale (UCI) en a fait le « meilleur cycliste de tous les temps ». D'une grande humilité, il était, à l'instar de Bernard Hinault, « celui qui sait aller le plus loin dans la douleur ».

LE ROI PELÉ

Coupe du monde de football, Mexico, 1970

Le Roi est au sommet de son art et de sa gloire. 21 juin 1970. Finale de la Coupe du monde de football. Pelé marque le premier but pour le Brésil qui va gagner 4 buts à 1 face à l'Italie. Au cours de ce tournoi, Pelé s'illustre par deux gestes géniaux. D'abord, une frappe déclenchée depuis sa propre moitié de terrain et le ballon terminera sa course en frôlant le montant droit du but tchécoslovaque. Le second est lumineux face à l'Uruguay. Sur une balle en profondeur de Gérson, Pelé laisse filer le ballon sur la gauche du gardien, continue sa course, récupère le ballon derrière le dos du gardien, et déclenche un tir croisé qui passe à quelques centimètres du but. Deux merveilleux loupés qui appartiennent à la légende du football.

WALTER SPANGHERO

XV DE FRANCE

Capitaine du XV de France à la fin des années 60 et au début de la décennie suivante, il a remporté trois Tournois des Cinq Nations (1967, 1968, 1973) dont un Grand Chelem. Formé aux durs labeurs de la ferme paternelle en Occitanie profonde, il est le chef d'une fratrie (six garçons d'1,90 m) qui a donné plus d'un grand joueur au rugby français, notamment via le Racing Club de Narbonne. Surnommé « Iron Man » (« l'Homme de fer »), il a participé à nombre de tournées prestigieuses : Afrique du Sud (trois fois), Australie (deux fois) et Nouvelle-Zélande (trois courtes défaites face aux All Blacks).

FFR

JEAN-CLAUDE BOUTTIER

1972 ET 1973

DIRECT AU CŒUR

Par Charles Biétry

ANCIEN CHEF DES SPORTS À CANAL+

« Ce joli soir de l'été 71, à Colombes, on ne parlait ni de Raymond Kopa ni de Jean-Pierre Rives qui avaient écrit quelques-unes des plus belles heures du vieux stade Yves-du-Manoir. Pas de buts de foot sur la pelouse, pas de poteaux de rugby, mais, à la fois majestueux et menaçant, un ring de boxe. Jean-Claude Bouttier, élégant héritier de Marcel Cerdan, allait partir à la conquête du titre mondial des poids moyens face au redoutable et redouté Argentin Carlos Monzón. L'exploit paraissait impossible pour le petit gars de Saint- Pierre-la-Cour, gentil village de la Mayenne, et pourtant…

Et pourtant au milieu du sixième round, on vit l'invincible Monzón vaciller, ses mains effleurer le sol, sa bouche grimacer. À cette minute, Bouttier frôla l'exploit avant d'être blessé à l'œil quelques minutes plus tard et d'obliger son manager de toujours, Jean Bretonnel, à abandonner sur blessure au 13e round.

Un an plus tard, dans le temple du tennis, Roland-Garros, Bouteboute (pour les intimes) manqua encore d'un rien la ceinture suprême dans une revanche explosive. Il menait aux points à la fin du 12e round, avant, sur de terribles coups au corps de l'Argentin, d'aller trois fois à terre dans les trois derniers rounds. Dix ans plus tard, la durée des championnats du monde était ramenée de 15 à 12 rounds !

Jean-Claude Bouttier ne rejoindrait jamais au panthéon mondial Cerdan, Robinson, LaMotta, Graziano ou Hagler, mais il avait laissé à tout jamais son empreinte sur le sport français.

Pas étonnant que Claude Lelouch l'ait fait tourner dans *Les Uns et les Autres* en 1981.

Pas étonnant qu'il ait été adoré par sa bande des va-nu-pieds, aux côtés des trois autres mousquetaires, Drut, Jazy et Mosconi, qui jouaient au foot pour le plaisir et où le petit pont avait plus de valeur qu'un but.

Pas étonnant qu'il n'ait jamais renié sa jeunesse d'apprenti boucher, ses premiers combats à Laval, ses débuts timides à l'Élysée-Montmartre avant de devenir une vedette parisienne à la faveur de mythiques combats face à des Gonzales, Marty, De Lima, Griffith, Duran et autres Sterling, achevant sa carrière avec un palmarès de 64 victoires en 72 combats.

Pas étonnant non plus qu'il ait réussi une merveilleuse reconversion au micro de Canal+. Pendant des années, il allait apporter sa gentillesse, sa passion, son œil et une compétence inégalables. Que de voyages, de Levallois à Las Vegas, que de grands moments de sport vécus ensemble, et notamment ce combat qu'il a toujours trouvé le plus beau et le plus injuste, Hagler (son ami) contre Leonard (mon idole). Pendant trente ans, jusqu'à ses derniers jours sur son lit d'hôpital où cette foutue cigarette l'avait envoyé, il a continué de dire que Hagler méritait la victoire et moi, évidemment, le contraire.

Jean-Claude Bouttier a su faire aimer la boxe à toute la France. Malgré les entraînements impitoyables, les combats féroces ou les coups qui font mal, il a su convaincre que c'était un sport où il n'y avait pas que de la souffrance mais aussi une immense beauté tragique. Simplement merci. ■ »

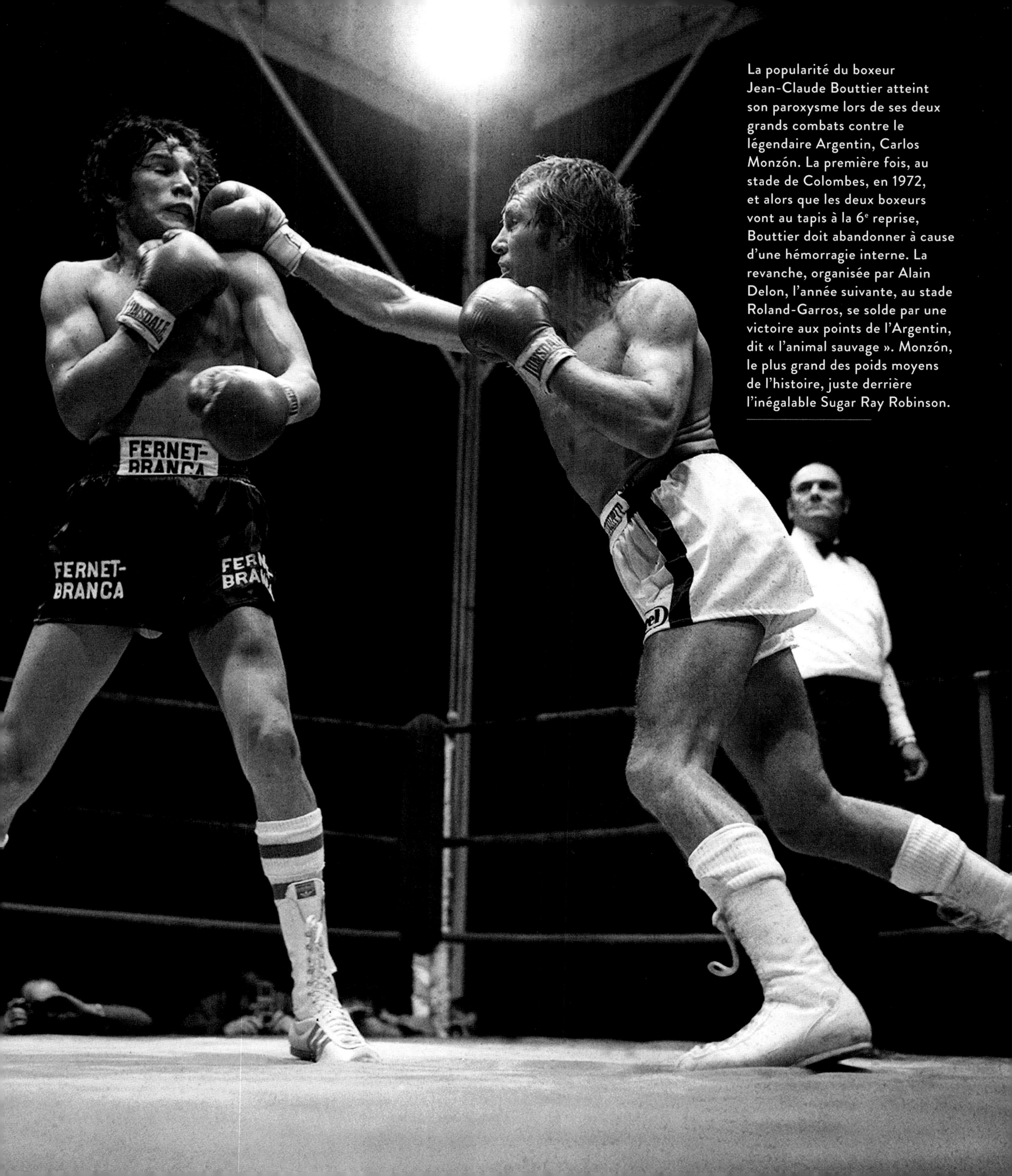

La popularité du boxeur Jean-Claude Bouttier atteint son paroxysme lors de ses deux grands combats contre le légendaire Argentin, Carlos Monzón. La première fois, au stade de Colombes, en 1972, et alors que les deux boxeurs vont au tapis à la 6e reprise, Bouttier doit abandonner à cause d'une hémorragie interne. La revanche, organisée par Alain Delon, l'année suivante, au stade Roland-Garros, se solde par une victoire aux points de l'Argentin, dit « l'animal sauvage ». Monzón, le plus grand des poids moyens de l'histoire, juste derrière l'inégalable Sugar Ray Robinson.

GUY DRUT

J.O. DE MUNICH, 1972

MON DRAPEAU POUR GUY

Par Nicolas Sarkozy

ANCIEN PRÉSIDENT DE LA RÉPUBLIQUE

« En 1972, j'ai 17 ans, je pars avec un ami aux Jeux olympiques de Munich. Survient alors l'attentat contre les athlètes israéliens, la panique gagne la ville, les tribunes se vident. Je fais le choix de rester, contre l'avis de ma mère, pétrie d'inquiétude. Quand Guy Drut décroche la médaille d'argent, je suis dans le grand stade et j'agite le drapeau français. C'est la première grande performance de Guy avant sa médaille d'or aux 110 mètres haies à Montréal, en 1976, et c'est magnifique !

Le sport, c'est la vie ! Ce sont des épreuves, un combat permanent : rien n'est jamais acquis. Le chemin est semé de difficultés, il faut arriver à maturité. Ce n'est pas qu'une question de talent, c'est une affaire de persévérance et de résistance. Ce sont des valeurs qui me parlent : le travail, le courage, la proximité, l'effort. Mais le sport, c'est aussi un élément fédérateur pour une nation. Une émotion collective, une passion qui rassemble. »

GUY DRUT

J.O. DE MONTRÉAL, 1976

UNE HAIE APRÈS L'AUTRE

Par François Baroin

MAIRE DE TROYES, PRÉSIDENT DE L'ASSOCIATION DES MAIRES DE FRANCE

« En 1976, j'ai 11 ans quand Guy devient champion olympique à Montréal. C'est l'été, nous sommes en Creuse en famille, j'ai cette image en tête, le pur athlète olympique, regard incrédule, doigt pointé vers lui-même pour interroger au loin quelqu'un dans la tribune ou son entraîneur sur la piste. Est-il le champion ? A-t-il gagné ? (A-t-il battu son grand rival Charles Foster ?) Une fraction de seconde plus tard le sourire éclatant, la joie intense, il est sur le toit du monde, il est champion olympique. Il restera pour moi l'incarnation de l'accomplissement du rêve de tout champion.

Je ne connaissais pas grand-chose à l'athlétisme, mais Guy Drut faisait déjà partie du paysage familier des passionnés de sport. Il avait remporté la médaille d'argent, battu un record d'Europe. Cette épreuve du 110 mètres haies, au prestige indiscutable, m'a toujours renvoyé l'image d'un guépard franchisant les obstacles pour atteindre sa cible. Y a-t-il quelque chose de plus impressionnant que la course d'un guépard ? Y a-t-il quelque chose de plus félin que la course de Guy Drut ? La souplesse, la puissance, sa technique incroyable d'effacement, son buste droit et cette envie de gagner qui ne l'a jamais quitté.

Ces étoiles dans les yeux d'un enfant de 11 ans, cette fierté française, à une époque où les sportifs français remportaient peu de médailles, ont placé Guy Drut très vite et très haut dans mon Olympe personnel des héros.

Dix-sept ans plus tard, député de l'Aube, benjamin de l'Assemblée nationale, je retrouve Jacques Chirac pour la première réunion de groupe parlementaire, Guy Drut est là. Jacques Chirac me le présente et me dit : *« Voilà Guy Drut. » Je réponds que je sais qui c'est ! C'est un héros de la France ! »*

Guy ne savait pas ce que je ressentais, une joie immense et intense de pouvoir le saluer. Jacques Chirac, à la fin de l'échange, nous dit à tous les deux dans un grand éclat de rire : *« Guy m'a tout appris, en politique comme dans la vie, une haie après l'autre !* ■ »

MARK SPITZ

J.O. DE MUNICH, 1972

Il avait hardiment prédit qu'il remporterait six médailles d'or aux J.O. 1968, à Mexico. Bien qu'il ait gagné deux médailles d'or dans les relais, il obtint un résultat bien en deçà de ses attentes dans les courses individuelles. Quatre ans plus tard, à Munich, cet incroyable nageur sans lunettes, sans bonnet de bain, est déterminé à effacer ses performances décevantes. Et il ne déçoit personne. Sur huit jours, il prend part à sept épreuves et s'impose dans chacune d'entre elles, avec, à la clé, des temps de record du monde. Sa moustache est devenue une légende olympique. *« Elle m'aide, dit-il, en déviant l'eau de ma bouche… »*

JOHAN CRUYFF

Le magicien « Orange »

C'est le joueur de football qui illumine ces années 70.
Il possède une vitesse d'accélération et de démarrage incomparable, une rapidité d'exécution qui se manifeste dans les touches de balle et dans les frappes, ainsi que dans les détentes. Avec l'Ajax Amsterdam, le « Hollandais volant » a mis l'Europe à ses pieds.
Avec la sélection nationale, les Orange, il échouera par malheur et par excès de prudence, en finale de la Coupe du monde 74, face à l'Allemagne de son meilleur ennemi, Franz Beckenbauer.
Cruyff ou l'élégance faite footballeur. Comme une espèce de révolutionnaire du jeu, du football total.

14

NADIA COMĂNECI : L'ENSORCELEUSE

Montréal, en 1976, a propulsé Nadia Comăneci dans la galaxie des gymnastes. À 14 ans et 8 mois seulement, l'elfe roumaine domine l'enchaînement aux barres asymétriques, maîtrise la poutre et se joue des exercices au sol. Elle se classe première au concours général et, surtout, obtient la note parfaite, 10, de la part des juges. Déjà classée « meilleure athlète de l'année 1975 » par United Press International, elle remporte la médaille d'or individuelle et, sur les six podiums possibles dans son sport, monte cinq fois sur les plus hautes marches. Subjuguée par l'ensorcelante gymnaste, la chaîne américaine ABC associe son art à la chanson des *Feux de l'Amour*, série télévisuelle quasi sans fin…

NADIA COMĂNECI

J.O. de Montréal, 1976

LA POUPÉE MAGIQUE

Par Laurence Ferrari

Journaliste télé

« C'était un jour de juillet 1976, un jour de chaleur écrasante. Dans le petit poste télé de fortune posé devant la tente où nous campons avec mes parents dans les Landes, je regarde avec toute la joyeuse troupe de leurs copains de l'ASA (l'Athlétique sport aixois) les J.O. de Montréal. Soudain, mes yeux de petite fille de 10 ans s'écarquillent devant une minuscule silhouette qui semble voler sur l'image qui vacille. Une sorte de fée Clochette qui se joue de la poutre comme si elle n'existait pas, qui virevolte entre les barres asymétriques, qui enchaîne les sauts périlleux au sol comme jamais personne ne l'avait fait avant elle ! 10 sur 10. Les juges n'en reviennent pas ! La note maximum répétée à sept reprises. Nadia Comăneci n'a que 14 ans mais elle bouscule mon petit monde, plutôt habitué aux pistes de tartan où mes parents, puis mes sœurs et moi-même allons invariablement nous entraîner. L'athlétisme, c'est la discipline reine bien sûr et le 100 mètres à jamais mon Graal personnel. Mais tout à coup la gymnastique enflamme mon imagination. Moi aussi je vais m'essayer à ces redoutables barres asymétriques, à cette poutre si dangereuse. Je vais tenter de ressembler à Nadia Comăneci ! La petite Roumaine au corps désarticulé devient, cet été-là, une icône planétaire. Sa gracilité sur la piste, son port de tête altier et la rage qu'on lit au fond de ses yeux, cette envie de gagner par-dessus tout se gravent en lettres de feu dans mon esprit. Ce jour de juillet 1976, j'ai eu la confirmation que la valeur n'attend pas le nombre d'années, pas plus que la combativité d'une redoutable poupée d'acier. »■

C'est une fée. C'est un conte. À 14 ans et 8 mois, elle séduit la planète entière, lors des J.O. de Montréal 1976. Aux barres asymétriques, elle obtient la note maximale de 10. Note rarissime, au point que les tableaux d'affichage indiquent 1.00 au lieu de 10.0. Lors de ces Jeux, elle va décrocher cette note suprême à sept reprises. Médaillée d'or de gymnastique au concours général, aux barres asymétriques et à la poutre. C'est la gymnaste du siècle. *« La petite communiste qui ne souriait jamais »*, pour reprendre le titre de l'excellent roman de Lola Lafon.

GARETH EDWARDS

Pays de Galles, Tournoi des Cinq Nations

Le plus grand demi de mêlée et stratège du rugby international. Avec son complice Barry John (demi d'ouverture) et l'arrière JPR Williams, il a conduit le XV du pays de Galles aux Grands Chelems et triomphes à répétition. Gallois de cœur et de conviction, il obligea la FFR à hisser le drapeau au dragon au mât du Parc des Princes (1976), menaçant que son équipe déclare forfait si la musique de la garde républicaine ne jouait pas *Land Of My Fathers* (« *Hen Wlad Fy Nhadau* »), l'hymne national gallois, à la place du *God Save The Queen...* anglais.

« ALLEZ LES VERTS ! »

À travers les postes de télé en noir et blanc, la France du foot voit soudain « la vie en vert ». L'AS Saint-Étienne, premier club français à atteindre la finale de la Coupe d'Europe (1976), enchaîne les exploits dans tous les stades du vieux continent. À quand remonte la passion du public pour « les Verts » ? À l'intense prolongation du match contre Hajduk Split, (5-1, après une défaite 4-1 à l'aller) en 1974 ? À la demi-finale contre le Bayern Munich en 1975 ? À la victoire contre le Dynamo Kiev de Blokhine ? Au 0-0 « héroïque » à Eindhoven (notre photo) ou à la finale perdue contre Beckenbauer et ses pairs à Glasgow (maudits poteaux carrés !)? C'est un tout, forcément. Chapeau les Verts et « *Amazing Grace !* »

DOMINIQUE ROCHETEAU

LES VERTS, 1976

GUEULE D'ANGE

Par Geoffroy Roux de Bézieux

PRÉSIDENT DU MEDEF

« Le 12 mai 1976, j'ai 15 ans dans quinze jours et, seul avec mon petit frère, j'assiste sur un poste de télévision noir et blanc à cette fameuse finale de coupe d'Europe opposant Saint-Étienne au tenant du titre, le Bayern Munich. La France n'a pas connu ça depuis le Stade de Reims en 1959. Je vous parle d'un temps que les moins de 50 ans ne peuvent pas connaître, où les footballeurs ont des airs de rockers et les poteaux de but sont parfois carrés. Comme une moitié de la France, nous nous sommes cassé la voix devant l'écran deux mois auparavant, quand l'ASSE a éliminé au match retour le Dynamo Kiev, avec un but d'un Rocheteau épuisé au bout de la prolongation.

Mais Rocheteau, « l'Ange vert », blessé, est sur le banc. Les Verts dominent, frappent à deux reprises la fameuse barre transversale carrée, mais à la fin ce sont les Allemands qui marquent. Ils jouent rapidement un coup franc et mènent d'un but. Rocheteau rentre finalement à quelques minutes de la fin mais cela ne suffira pas. Je pleure dans mon lit comme si c'était la fin du monde. Après il y aura Séville en 1982 pour pleurer encore, la revanche perdue de 1986 et le Stade de France en 1998 pour enfin sourire. ■ »

On le surnomme « l'Ange vert ». Sous le maillot de l'AS Saint-Étienne, l'attaquant buteur survole les défenses adverses. Son look de jeune premier à longs cheveux et son goût pour la musique rock californienne en ont fait une « idole », à part dans le foot, façon chanteur des « Seventies ». À quelques dribbles et notes de musique près, il aurait pu figurer sur la photo mythique de Salut les copains… Dominique Rocheteau est le symbole des « Verts » qui vont embraser la France du foot à travers leurs exploits européens jusqu'à la finale malheureuse de Glasgow face au Bayern Munich.

PELÉ / MOHAMED ALI

ÉTATS-UNIS, 1977

UN KING, UN ROI

Par S.A.S. Albert II de Monaco

MEMBRE DU COMITÉ INTERNATIONAL OLYMPIQUE

« Cette photo « historique », c'est la rencontre de deux légendes du sport, je dirais même deux icônes du XXe siècle.

De cette rencontre au Giants Stadium du New Jersey, où Pelé jouait avec la célèbre équipe du New York Cosmos, une amitié est sans doute née.

On y voit, c'est évident, une étreinte chaleureuse entre les deux hommes. Mais j'y vois aussi une forme de respect et d'admiration mutuelle pour ce qu'ils ont accompli l'un comme l'autre, dans leur sport et bien au-delà.

Mais peut-être sont-ils avant tout deux champions qui illustrent de façon éclatante ce qu'est l'amitié dans le sport.

Dans ma propre famille, j'ai eu la chance d'être bercé par la grande complicité sportive qui unissait mon grand-père, John Kelly, à son cousin Paul Costello. Ils remportèrent la médaille d'or olympique en aviron (deux de couple) aux Jeux d'Anvers en 1920 et à Paris en 1924. ■ »

PELE
10
"Pele, My eternal idol."
-Muhammad Ali
MUHAMMAD ALI & PELE
Final Game of Pele's Career
October 1, 1977 - Giants Stadium, NY

31 août 1980. Sallanches, Haute-Savoie. Celui qu'on surnomme « le Blaireau » décroche un à un tous ses adversaires lors du championnat du monde sur route. Dans chaque ascension de la côte de Domancy, Hinault fait le forcing. L'Italien Baronchelli est le dernier à résister, à s'accrocher dans les roues du Français. La dernière montée lui sera fatale : Hinault s'empare du maillot arc-en-ciel avec plus d'une minute d'avance.

MES ANNÉES 80

BLEU, BLANC, ROUGE

Feu d'artifice pour le sport français. Sur les routes, sur la piste, sur les terrains, sur les courts.

À vélo, Bernard Hinault surclasse tous ses adversaires. « Le Blaireau » succède au « Cannibale » (Eddy Merckx). Il truste les maillots jaunes sur le Tour et même l'arc-en-ciel du monde à Sallanches : un coup de force et d'orgueil après son abandon pour blessure à Pau lors du Tour 1981. Un jour, Anquetil, Merckx, Hinault et Poulidor ont été réunis sur la même photo et « Poupou » eut ce mot amusé : « *À nous quatre, nous avons remporté... quinze Tours de France !* » Laurent Fignon, dit « l'intello » du peloton, complétera ce tableau d'honneur. Je courais avec lui, en tandem, lorsque j'étais maire de Coulommiers. Une course festive et champêtre. J'avais du mal à épouser la ligne dans les virages. Il me gueulait un peu dessus pour rectifier l'équilibre...

Au volant de sa McLaren, Alain Prost, longtemps dominé par son maître Niki Lauda, multiplie les podiums avant de remporter son premier titre de champion du monde. Plus tard, lorsque je serai ministre, je contribuerai à la création de l'écurie Prost.

En foot, la magie du numéro 10 saute à nos yeux.

Depuis Pelé, pas un joueur n'avait porté ce numéro aussi haut. Michel Platini est à la fois chef d'orchestre et soliste, le meilleur passeur, le meilleur buteur.

Michel, c'est Saint-Étienne, Séville et la Juventus de Turin. Il est au cœur de tous les matches de légende. Geoffroy-Guichard est son jardin, le stade Pizjuán, son théâtre dramatique, le Comunale à Turin le fait roi d'Italie, et le Parc des Princes, roi de France. Je n'ai jamais perdu le contact avec Michel. Nous nous appelons régulièrement.

En 1983, Yannick Noah transforme la terre battue en mine d'or.

C'est l'Apollon du sport. Tout le monde est sous son charme. Le jour de la finale à Roland-Garros, le journal *L'Équipe* titre : « 50 millions de Noah ! » Et le lendemain, il gagne en trois sets, face au Suédois Mats Wilander. Il se voulait l'héritier de Björn Borg qui avait fait entrer le tennis dans une autre dimension, en particulier à travers ses duels homériques contre Jimmy Connors, mais surtout John McEnroe. Athlète complet, Borg s'offrit le luxe de me battre au 600 steeple lors d'un jeu télévisé.

Nous sommes tous K.O. face à la force destructrice de « Iron Man », Mike Tyson. Le poids lourd remporte ses 19 premiers combats professionnels avant la limite, dont 12 à la première reprise.

L'athlète parfait reste Carl Lewis. Il est le seul à pouvoir être comparé à Jesse Owens (depuis les années 30). Il égale ses performances en 1984 à Los Angeles (100 mètres, 200 mètres, 4 x 100 mètres, saut en longueur). Quatre médailles d'or, comme un carré d'as. ■

Si Le Crédit Lyonnais, sponsor du Tour de France, et Le Coq Sportif, équipementier de l'épreuve, avaient un rêve, la photo l'a réalisé. Ainsi, revêtus du noble maillot jaune de leurs cinq victoires chacun : Jacques Anquetil (1957, 1961, 1962, 1963, 1964), Eddy Merckx (1969, 1970, 1971, 1972, 1974), Bernard Hinault (1978, 1979, 1981, 1982, 1985) posent ensemble pour la postérité. Trois héros multiconsacrés par ailleurs : champions du monde, Tour d'Italie, Tour d'Espagne, grandes classiques...).

ANQUETIL / MERCKX / HINAULT

TOUR DE FRANCE, 15 VICTOIRES RÉUNIES

LES INVINCIBLES

Par David Lappartient

PRÉSIDENT DE L'UNION CYCLISTE INTERNATIONALE

« Eddy Merckx, Bernard Hinault, Jacques Anquetil, ces trois hommes figurent incontestablement parmi les athlètes qui ont écrit les plus belles pages de la légende du cyclisme.

L'histoire retiendra qu'en s'imposant à cinq reprises chacun dans le Tour de France, exploit qu'ils ont été les premiers à accomplir, ils ont remporté à eux trois plus de la moitié des Grandes Boucles disputées entre le milieu des années 50 et le mitan des années 80 !

Eddy Merckx est certainement le plus grand de tous. Son écrasante domination et sa soif de victoires, qui ne semblait jamais rassasiée, ont impressionné ses contemporains comme elle impressionne encore aujourd'hui les amoureux du cyclisme. Merckx était à la fois un athlète aux capacités hors normes et un bourreau d'entraînement. À ce jour, le palmarès du « Cannibale » demeure inégalé. Ce qui m'a toujours frappé chez lui, c'est le mélange d'humilité et de noblesse qu'il dégage. Un champion unique, sans aucun doute.

Jacques Anquetil fut le premier à gagner cinq Tours de France. Rouleur incroyablement doué, il était vraiment une magnifique « machine à pédaler ». Peut-être qu'avec plus de rigueur il aurait eu une carrière encore plus brillante... Son souvenir reste indissociable de sa rivalité avec Raymond Poulidor, à son paroxysme lors de leur mythique coude-à-coude dans l'ascension du puy de Dôme dans le Tour de France 1964. Ce jour-là, « Maître Jacques » avait été distancé, mais il avait livré un duel resté dans les mémoires.

Quant à Bernard Hinault, il a été l'idole de mes jeunes années. Sans doute en partie parce que nous sommes tous deux Bretons, mais aussi en raison de la classe presque insolente dont il était doté. J'ai toujours été impressionné par son courage et sa combativité hors du commun, qui lui ont d'ailleurs valu son surnom de « Blaireau ». Sa carrière a nourri mes rêves d'enfant et ma passion pour le cyclisme, et aujourd'hui encore je repense avec émotion au crépuscule de sa carrière et à son passage de témoin à Greg LeMond dans le Tour de France 1986.

Si le cyclisme est aujourd'hui aussi populaire, il le doit à ces immenses champions qui ont su écrire la légende ! ■ »

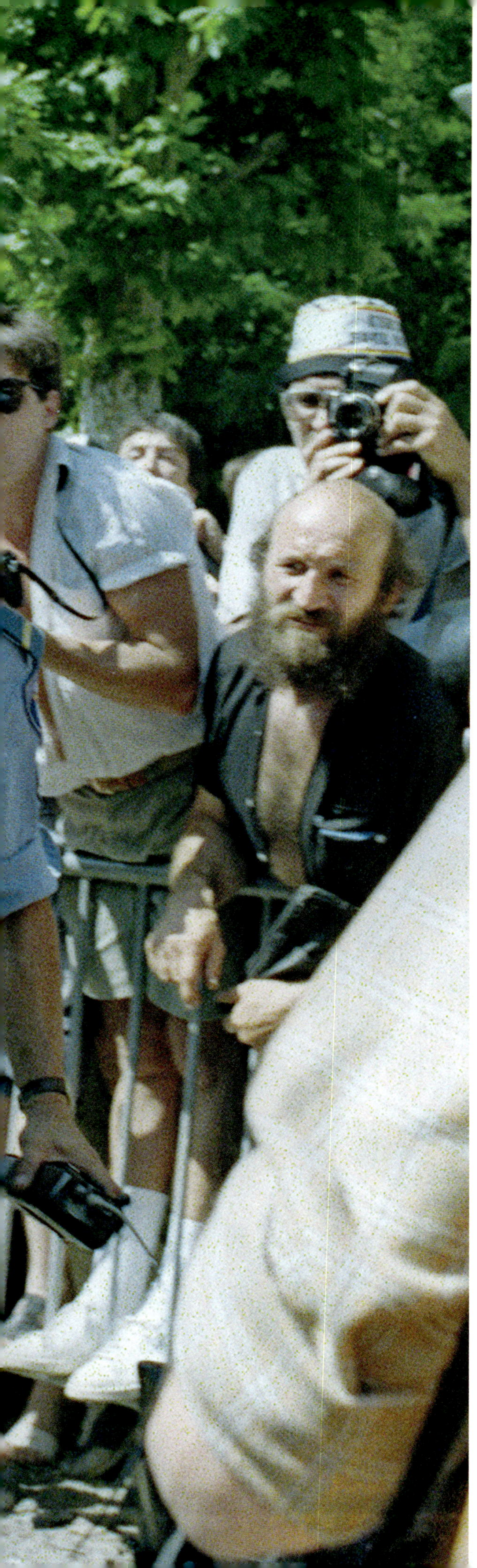

BERNARD HINAULT

Tour de France, Liège-Bastogne-Liège

Émergeant de la neige et de véritables congères bordant les routes de Wallonie, ou saisi le visage en sang lors de la 14e étape du Tour, à Saint-Étienne (il a chuté à 300 mètres de l'arrivée), Bernard Hinault enrichit l'imagerie d'Épinal du cyclisme français. Son palmarès ressemble à la gibecière d'un grand chasseur du Big Five : vainqueur de sa première Grande Boucle, à 23 ans, le Breton alignera quatre autres succès sur le Tour (comme Anquetil et Merckx). Il est sacré champion du monde à Sallanches, éparpillant ses poursuivants !

BORG / McENROE

LES DUELLISTES, WIMBLEDON, 1980

Quatorze duels sans merci les opposent sur le circuit professionnel (ATP) pour sept victoires chacun ! 1980 signera leur rivalité sublimée. Entre le Suédois Björn Borg, dit « l'Extraterrestre » – surnom qu'il détestait –, et l'Américain John McEnroe, porté par le « fighting spirit » de ses ancêtres irlandais, dit Super Brat (« Sale Gosse »), se dessine un immense respect réciproque et rock'n'roll. Le point d'orgue de leur rivalité a pour cadre le jardin de Wimbledon : finale mythique, leur « classic match » (1-6, 7-5, 6-3, 6-7, 8-6) est devenu un film en 2017.

THIERRY REY

J.O. DE MOSCOU, 1980

LE JOUR DE GRÂCE
Par François Hollande

ANCIEN PRÉSIDENT DE LA RÉPUBLIQUE

« Thierry Rey a le don de rajeunir, à chaque époque de sa vie. Il a, paraît-il, 62 ans, mais il a la mentalité d'un junior prêt à défier les vétérans les mieux installés. C'est ce tempérament, cette fougue, cette témérité qui expliquent son exceptionnelle carrière. Champion du monde à Paris en 1979, puis champion olympique à Moscou en 1980, il fut aussi à plusieurs reprises champion et vice-champion d'Europe et, pendant cinq ans, de 1978 à 1983, champion de France. Il s'est constitué l'un des plus beaux palmarès dans une discipline, pourtant marquée par les succès de nombreux athlètes français. Comme judoka, il était ardent, vif, imprévisible. Il jouait les dilettantes, ce qui est le luxe des grands professionnels. Nonchalant en apparence, Thierry Rey est tout en nerf. Il peut donner l'impression de ne pas s'être couché de la nuit. En fait, il s'est préparé comme jamais pour être en forme au rendez-vous.

Mais Thierry Rey a montré qu'il n'était pas seulement un grand sportif, il a goûté à tous les arts possibles et relevé les paris les plus insensés. Il a été un journaliste apprécié du public pour ses commentaires techniques comme pour la joie qu'il laissait exploser à chaque victoire nationale. Il alternait dans cet exercice l'humour et le sérieux, l'extravagance et la sérénité, l'enthousiasme et la lucidité. Il n'a pas peu contribué à la qualité reconnue des équipes de Canal+.

Thierry a aussi été un comédien qui a rencontré l'estime des critiques dans plusieurs films, y compris policiers, des séries et pièces de théâtre. Il pouvait apparaître sombre ou enjoué, séducteur ou abandonné, baroudeur ou placide. Une carrière inattendue s'ouvrait à lui. Il a préféré s'arrêter là et s'engager pour développer la pratique sportive. Président de la section judo du Lagardère Paris Racing, après avoir été président du PSG Judo pendant presque dix ans, il devient, en 2008, directeur du développement du sport de haut niveau du groupe Lagardère.

En 2012, je l'ai appelé auprès de moi à l'Élysée comme conseiller. Il a alors joué un rôle majeur pour la promotion de la candidature de Paris aux J.O. C'est lui qui, dès Londres en 2012, a relancé le dossier et mobilisé, avec Guy Drut, le mouvement sportif. C'est lui qui, avec la Ville de Paris et les services de l'État, a facilité le travail des équipes chargées de défendre notre candidature.

Toutes ses vies, il les a retranscrites dans un livre qu'il a écrit pour évoquer son parcours exceptionnel de champion-citoyen. Devenu inspecteur général de la Jeunesse et des Sports, il est un exemple pour celles et ceux qui à travers le sport veulent accéder aux plus hautes fonctions. Car la plus belle médaille, c'est celle qui fait briller le rêve et l'espoir. Il ne cesse de la porter. »

Thierry a 21 ans quand vient ce jour du 1er août 1980 aux Jeux de Moscou. Il raconte : *« Durant la matinée, j'enchaîne les matchs sans souci majeur. Je me sens très à l'aise sur le tatami. Lors de la pause de midi, je me restaure. À 15 h 30, je repars vers la salle de judo. Dans le couloir, je vois une balance. Je monte dessus. Elle affiche 64,8 kilos. Poids idéal. Mon stress s'en va. J'ai retrouvé mon corps. En finale, contre le Cubain Rodriguez, c'est un combat très tactique, mais au bout, la victoire est là. Sensation de plénitude absolue. Je touche à mon rêve. »*

PLATINI / BATTISTON

COUPE DU MONDE DE FOOTBALL, SÉVILLE, 1982

LA CORRIDA DE SÉVILLE

Par Julien Clerc

CHANTEUR ET COMPOSITEUR

« Ce jour-là, nous sommes allés, Jean-Loup Dabadie et moi, chercher Lino Ventura chez lui à Saint-Cloud, puis nous avons rejoint Orly où un avion affrété par la Fédération française de football pour des VIP fans de l'équipe de France décollait vers Séville.

Quelques heures plus tard, nous nous sommes retrouvés dans les tribunes avec Adamo et quelques autres artistes invités pour la circonstance. Je me souviens en particulier d'Yves Lecoq qui ne s'intéressait pas particulièrement au football et dont c'était le premier match, je crois.

J'ai en tête des images que le temps n'a pas effacées.

La demi-heure magique de l'équipe de France pendant laquelle on avait l'impression d'assister à une leçon de football.

L'agression de Schumacher sur Battiston et la civière qui quitte le terrain avec Platini qui lui tient la main. Même pas de carton jaune…

L'angoisse du clan français quand Rummenigge est entré et qui, je crois, a tout changé par sa présence.

Les tirs au but et Adamo qui me souffle à l'oreille au moment où Didier Six s'approche du ballon : *« Il va le manquer. »*

Nous avons quitté le stade après la défaite, infiniment tristes et comme l'avion de retour était prévu plus tard dans la nuit, Lino Ventura avait réservé un restaurant typique dans le vieux Séville.

Les plats étaient nombreux, excellents, j'en suis sûr mais moi qui suis gourmand, j'ai mangé sans appétit dans une ambiance sépulcrale tant notre déception était grande.

À l'aéroport, l'avion de la Fédé a décollé assez tard.

Il me semble bien avoir vu l'arbitre hollandais qui s'apprêtait à embarquer dans l'avion de la délégation allemande. Est-ce que ma mémoire me joue des tours ? ■ »

Rares sont les images qui transforment un match de foot en *Rollerball*, cette fiction cinématographique où tous les coups bas sont permis… Il en est un qui restera dans les mémoires : l'agression du gardien allemand Harald Schumacher sur Patrick Battiston en demi-finale de la Coupe du monde, à Séville. « Oui, j'ai cru que Patrick était mort », s'exclamera Platini à la suite de la manchette assassine du gardien de la Mannschaft. C'était le 8 juillet 1982. Trente millions de Français, figés devant leur télé, partagent ce cauchemar. Le coup de grâce : l'Allemagne se qualifie aux tirs au but.

Très jeune, il émerge parmi les meilleurs cyclistes de sa génération. Complet, capable de gagner sur tous les terrains, dans les classiques, au sprint, en montagne comme dans le contre-la-montre, le style Fignon détonne dans le peloton, par son allure en général, ses cheveux blonds et longs, son catogan, ses lunettes cerclées, mais aussi par ses capacités intellectuelles, son franc-parler, ses remarques acerbes. Fignon est différent de tous les autres. Il remportera deux Tours de France, en 1982 et 1983, et il échouera pour 8 secondes en 1989, face à l'Américain Greg LeMond. Tragique.

LAURENT FIGNON

TOUR DE FRANCE, 1982 ET 1983

LE GAMIN DE L'AVANT-DERNIER RANG

Par Irène Frain

ROMANCIÈRE, PRIX INTERALLIÉ 2020

« Il occupait l'avant-dernier rang à gauche. C'était un petit gringalet tout embarrassé de lui-même, mais impossible de le louper : il portait toujours, allez savoir pourquoi, le même pull rouge vif qui se mariait singulièrement mal à l'azur extraordinaire de ses yeux.

Il avait 15 ans, moi dix de plus. J'étais sa prof de français. Le jour de la rentrée, histoire de me faire une idée de mes élèves, je leur demandais rituellement de remplir un questionnaire. À la rubrique « hobby » Laurent Fignon répondit : « Vélo ».

J'avais trouvé ça bien. D'abord parce que j'aimais le vélo. Et ensuite parce qu'en ce milieu des années 70, un ado qui revendiquait ouvertement le goût du cyclisme n'était pas seulement un original, mais un garçon courageux. La norme, alors, chez les petits mâles, c'était le foot. Ou, pour les plus chics, le tennis. Seulement le vélo ! À l'époque, il ne rimait pas avec « écolo » mais avec « populo ». Que papy fasse de la résistance chaque été avec son Tour de France, ses cornets de frites et Yvette Horner en majesté sur le toit du premier camion de la caravane, on voulait bien mais bon, maintenant qu'on avait marché sur la Lune, il était largement temps de passer à autre chose.

Je dois le confesser : quand j'ai lu la réponse de Laurent, je n'ai pas imaginé une seconde qu'il était inscrit dans un club cycliste de Seine-et-Marne, et encore moins qu'il gagnait déjà des courses. J'ai pensé qu'il pratiquait le vélo comme moi, le dimanche, nez au vent, au gré de petits chemins qui sentaient la noisette. Pour autant, je n'ai pas tardé à découvrir que le gamin de l'avant-dernier rang, sous ses airs de demi-portion, dissimulait une niaque d'enfer. Il n'était pas bon en français, il le savait et ça l'exaspérait. Il a commencé à 7/20 ; trois mois plus tard, il avait la moyenne et à la longue, il a réussi à se choper des 12, voire des 13. Il voulait gagner et plus encore, se surpasser. Son rival, c'était lui-même. Il ne se supportait pas médiocre.

Alors c'est plus fort que moi : chaque fois que je découvre un cliché de Laurent pris lors d'une course, icône achevée de l'effort, tout en tension, contraction, crispation du moindre muscle, étirement du plus infime tendon, à la limite, parfois, de la tétanie et du spasme, je revois le gringalet de l'avant-dernier rang, son éternel pull rouge et ses grands yeux bleus. Et je réentends la phrase – « sagesse populo », comme on dit bouche pincée dans les salons parisiens – que me répétait souvent mon père, un fan, lui aussi, des sprints, courses contre la montre et bagarres pour le maillot jaune : *« Tu sais, ma fille, les champions du Tour de France, c'est presque toujours des gars partis de rien. La preuve que dans la vie, quand on veut, on peut. »* ■ »

YANNICK NOAH

ROLAND-GARROS, 1983

LE POMPON DU MANÈGE

Par Karine Le Marchand

ACTRICE, ANIMATRICE TÉLÉ

« Je courais sur mes 15 ans. Pas question pour moi de manquer la grande finale de Roland-Garros entre Yannick Noah et Mats Wilander qui tombait pile-poil à la fin de l'année scolaire, fin juin. J'allais bientôt entrer en classe de seconde. Mes loisirs tenaient surtout à la pratique de la harpe et de la flûte traversière ; nous sommes très musiciens dans la famille. Assez sportive, j'aimais déjà la course à pied, mais nous rêvions tennis grâce à Yannick.

Cécile, ma meilleure amie, et moi n'avions d'yeux que pour lui.

Nous nous étions retrouvées, comme électrisées, chez ma mère (nous vivions à Nancy), tellement impatientes de savourer sa victoire.

Ce jour-là, oui, on est carrément tombées amoureuses de Yannick: je le revois, moulé dans son tee-shirt, les muscles saillants... À 14-15 ans, cela nous parlait beaucoup. Cécile avait apposé un poster de lui dans sa chambre...

Je revois cette journée. J'ai vibré à sa joie de conquérir, à la tendresse affichée spontanément pour sa famille. À l'époque, nous étions habitués à des victoires nettement plus réservées en termes d'émotion. Or, pour la première fois, un joueur français laissait exalter son bonheur de façon aussi naturelle...

On était forcément en empathie.

C'est un souvenir encore très vivace. D'ailleurs, nous avons tous en nous un souvenir d'enfance très marquant ; j'appelle cela « le pompon du manège », celui, quand, gamin, gamine, on arrive à saisir le pompon du manège. On est heureux, rempli d'une joie naturelle et simple dont il faut se souvenir quand ça ne va pas bien. À travers le bonheur de Yannick, je revivais cette joie pure, presque enfantine.

Et puis il y avait une autre sensation.

Pour une jeune fille métisse, comme moi, voir un jeune joueur, métis lui aussi, gagner Roland-Garros, cela m'a sans doute transmis une image forte, une exemplarité extrêmement positive et inconsciente.

Je veux en remercier Yannick.

Jusque-là, peu de métis ou de noirs français avaient été ainsi acclamés par la foule. Inconsciemment, cela m'a fait du bien.

Dès lors, je me suis dit que rien n'est impossible. ■ »

Jeu, set et match : à 23 ans, Yannick Noah s'impose en trois sets (6-2, 7-5, 7-6), sur un ace, face au Suédois Mats Wilander, tenant du titre et symbole de la génération nordique post-Björn Borg. La balle fuse à 120 km/h. Il tombe à genoux. Le tennisman offre à la France son premier tournoi de Roland-Garros depuis l'après-guerre (1946). Les 18 000 spectateurs sont en extase. Passé à la chanson *Saga Africa*, après une belle carrière sur les cours, il incarne aussi l'âme et la volonté victorieuse de l'équipe de France en Coupe Davis.

JEAN-PIERRE RIVES

TOURNOI DES CINQ NATIONS, 1983

NOTRE « CASQUE D'OR »

Par Bernard Thibault

ANCIEN SECRÉTAIRE GÉNÉRAL DE LA CGT

« *Le rugby est un jeu festif* », aime à rappeler Jean-Pierre Rives lorsqu'on l'interroge sur les caractéristiques de son sport. En ce 19 mars 1983, « Casque d'or », comme on aimait surnommer le capitaine du XV de France de rugby, aura bien mérité sa 3e mi-temps avec les adversaires gallois.

L'image est parfois trompeuse. Ce ne sont pas les « Diables rouges » qui ouvrirent le crâne de Jean-Pierre Rives. Quoique ! C'est bien pour tenter d'arrêter la meute adverse, menaçant l'en-but français, que Jean-Pierre se lança la tête la première. Oh ! malchance, pour heurter de son front le nez de son camarade de combat Serge Blanco venu en renfort. Le sacrifice ne suffira pas et le pays de Galles marque l'essai dans les premières minutes du match. Une plaie pour Jean-Pierre et le nez cassé de Serge déteindront sur le maillot blanc durant une partie parmi les plus féroces de la période. Clavicule brisée succède aux points de suture de part et d'autre. « *Un match de tripes et de sang* », dira Roger Couderc, célèbre 16e homme de la télé, capable, avec son accent légendaire, de vous faire aimer l'équipe tricolore dans les pires moments. Il ne l'a pas emporté au paradis « le XV du poireau » : la France gagnera 16 à 9. Jean-Pierre offrira son maillot maculé de sang à Roger qui prend sa retraite de commentateur.

Lors de ses 59 sélections en équipe nationale, dont 34 en tant que capitaine, Jean-Pierre gagnera contre toutes les grandes nations du rugby mondial, à l'exception de l'Afrique du Sud. Il est même le capitaine de la première équipe de France victorieuse de l'équipe de Nouvelle-Zélande à Auckland, un fameux 14 juillet 1979. C'est sa façon à lui de marquer la fête nationale !

Chapeau bas, Monsieur « Casque d'or » ! ■

De la sueur, du sang, du fair-play et jamais de larmes ! Ainsi Jean-Pierre Rives restera-t-il dans la légende du rugby français. Le point d'orgue de sa carrière a pour cadre le Parc des Princes et pour théâtre de lumières le match France-pays de Galles. On est le 19 mars 1983. Visage et maillot baignés de sang derrière sa mêlée, le capitaine des Bleus (qui jouent en blanc) refuse de quitter le terrain. L'image fait le tour du monde. Gentleman idéalisé, il ira jusqu'à faire la une du magazine *Vogue*, avec sa compagne, top model.

SEBASTIAN COE

J.O. de Los Angeles, 1984

Il court les épreuves de demi-fond en même temps qu'il poursuit des études d'histoire de l'économie. Belle et grosse tête. En 1980, aux J.O. de Moscou, il a accroché son premier titre olympique sur 1 500 mètres. Puis il se blesse et souffre d'une mononucléose, et encore d'une toxoplasmose. On le croit perdu pour l'athlétisme. Erreur. Il revient en 1984 pour les Jeux de Los Angeles, et il devient le premier athlète doublement médaillé d'or sur 1 500 mètres. Par la suite, il prendra la présidence du Comité d'organisation des Jeux de Londres en 2012. L'athlète et l'homme accompli.

SWISS TIMING
LA 84
359

CARL LEWIS

J.O. de Los Angeles, 1984

À l'été 1984, à 23 ans, à Los Angeles, il devient, quarant-huit ans après Jesse Owens, le deuxième athlète de l'histoire à remporter les médailles d'or olympique du 100 mètres, du 200 mètres, du relais 4 x 100 mètres et du saut en longueur. Élu « sportif du siècle » par le CIO, et encore « olympien du siècle » par le magazine *Sports Illustrated*, il aura remporté au total dix médailles olympiques, dont neuf en or, ainsi que dix médailles aux championnats du monde, dont huit en or. Et pourtant, à cause d'une attitude réservée et égoïste, d'une prétention affichée, d'un sens du business affirmé, ce sportif d'exception ne sera jamais idolâtré par le public américain.

BUBKA PAR - 19 °C

Cette photographie est exceptionnelle, unique. Signée Gérard Rancinan, elle a été prise à une dizaine de kilomètres de Kiev, en Ukraine. Pour rejoindre le lieu, Rancinan et Sergueï Bubka ont pris un autocar. Bubka s'est emmitouflé dans une grosse couverture. Il fait - 19 °C ! Il s'en débarrasse qu'à l'instant de la prise de vue qui durera trois minutes, tout compris. « *Un magnifique souvenir* », dira le roi de la perche à son ami Guy Drut lors des récents et derniers Jeux de Tokyo.

SERGUEÏ BUBKA

STADE JEAN-BOUIN, PARIS, 1985

Le 13 juillet 1985, Sergueï Bubka accepte au tout dernier moment de participer au meeting BNP de Paris, et se laisse convaincre par l'organisateur Raymond Lorre. 8 000 spectateurs au stade Jean-Bouin, à Paris.
Bubka franchit aisément 5,70 mètres et demande que la barre soit fixée à la hauteur symbolique des 6 mètres. Il échoue par deux fois. Enfin, la troisième tentative est la bonne. Il aura battu 35 fois le record du monde de la discipline au cours de sa carrière, 17 fois le record à l'extérieur, 18 fois lors de réunions en salle. À chaque fois, il faisait progresser le record centimètre par centimètre, profitant ainsi des primes allouées à ce type d'exploit. Un perchiste hors pair doublé d'un comptable hors norme.

LUIS FERNANDEZ

France-Brésil au Mundial de Mexico, 1986

Le héros de ce France-Brésil, gagné aux tirs au but, c'est lui. Luis Fernandez, milieu de terrain « rocailleux » et gamin des Minguettes, un quartier de Lyon où il a grandi à la dure. En marquant ce but vainqueur (Platini avait manqué son tir), Luis Fernandez estoque le « football-samba » de Zico, grande figure carioca, dit « le Pelé blanc ». Pour la petite histoire, on retiendra que Luis, petit-fils d'un torero espagnol, avait failli manquer le match capital. Parti faire des photos pour *Paris-Match* dans une petite arène de campagne, il avait été encorné par le taurillon et joua avec un bandage au genou gauche.

adidas

MARAD

MARADONA : L'ŒIL DU DIABLE

Si « la main de Dieu » reste tatouée au cœur (du palmarès) de l'Argentin, il n'est qu'à fixer cette photo pour y deviner une malice naturelle, vite qualifiée « d'œil du diable ». La validation de son but marqué de la main entacha la victoire de l'Argentine contre l'Angleterre, lors du Mundial 1986, joué au Mexique ; mais elle n'empêcha nullement les Sud-Américains de courir vers un deuxième titre, huit ans après avoir raflé la mise à Buenos Aires. De Boca Juniors (son club de cœur) à Barcelone ou Naples (qu'il a conduit au titre en Italie), ses fans ont décerné un surnom affectif àce dribbleur incomparable. Disparu à 60 ans, en novembre 2020, il reste à jamais le « Pibe de Oro » (« le gosse en Or »). Sale gosse pour les uns, vrai champion pour tous, y compris pour le Brésilien Pelé, « Roi du foot ».

DIEGO MARADONA

« La main de Dieu », Mexique, 1986

Le monde du foot se divise en deux : Pelé, le Brésilien vs Maradona, l'Argentin ; comme celui du rock'n'roll se la joue Beatles ou Rolling Stones. Malgré les 1 000 buts de Pelé et les tournées sans fin des Stones, nul ne tranchera le débat. Maradona s'est fait icône à Boca Juniors, Barcelone (époque d'une terrible blessure), et à Naples. Reste l'image surréaliste de sa main coupable avec l'Argentine en Coupe du monde 1986 contre l'Angleterre. Sa défense : *« Ma main sur le but ? C'était la main de Dieu. »*

CAMEL

MIKE TYSON

1986

C'est un choc. Le poids des poings et le choc des coups. Il remporte ses 19 premiers combats professionnels, dont 12 dans la première reprise. « Iron Mike » terrorise tous ses adversaires. Vêtu d'un short noir et de chaussures basses en cuir noir, torse bodybuildé, il bouscule l'histoire en massacrant Trevor Berbick pour son premier titre mondial, en novembre 1986. À la fois bestial, sadique, brutal, numéro 1 des sportifs les plus indignes du XXe siècle (ESPN), Tyson, en vérité, n'aura été guidé que par une seule passion, une seule : l'amour des pigeons ! C'est ce qu'on appelle « un colombophile ».

MICHEL PLATINI

« Ciao Juve », 1987

« JE SUIS MORT… À 32 ANS »

Par Patrick Mahé

Journaliste, écrivain

Platini, c'est les jambes, bien sûr, mais aussi la tête, la *vista*… Maître à jouer sans rival, il place sa qualité individuelle au service du collectif ; à la Juventus de Turin et en équipe de France.

Pour celle-ci, longtemps traumatisée par le drame de Séville à la Coupe du monde 1982 (agression inqualifiable contre Patrick Battiston et défaite aux tirs au but face à l'Allemagne) – et toujours sans palmarès alors –, le défi est immense. En quittant l'Espagne, Platini avait fait ce serment aux copains : « *Mieux faire, tout faire, la prochaine fois. Gagner !* » Alors, quand se profile l'Euro 1984, organisé en France, il est de nouveau « la tête et les jambes » de ceux que l'on surnommera « la génération Platini ». Ils sont tous à ses côtés : Giresse, Tigana, Luis Fernandez, mi-hussards mi-grognards, lancés à l'assaut du premier trophée de l'histoire du football français. Ou plutôt propulsés. Par lui.

L'image la plus « chic » : celle de… Patrick Battiston, le miraculé de Séville, exultant pour la qualification à la finale, jouée « à bout de souffle » contre le Portugal. L'image la plus « choc » : celle de Michel Platini brandissant la Coupe au Parc dont il est fait Prince. 27 Juin 1984 : après quatre-vingts ans d'attente et 437 matches officiels – bilan surréaliste ! –, les Bleus s'imposent – ENFIN – dans un tournoi international…

Trois ans plus tard, pour ses adieux, Platini est seul sous la grêle glacée de Turin. Dans les tribunes d'un gris chagrin, des calicots donnent le change : « *Quelle tristesse sans toi… Merci, Michel.* » Le regard absent, grillant cigarette sur cigarette, confiné dans un vestiaire à l'ambiance crépusculaire, il me lâche : « *Je suis mort ce soir. À 32 ans.* » Clope aux lèvres, il regagne sa Fiat 500 et, la tête en berne, brûle un premier feu rouge… ■

On parle à jamais de la « génération Platini », comme hier de la « génération Kopa », comme viendra celle de Zidane… Grâce au meneur de jeu de l'AS Saint-Étienne, révélé à l'AS Nancy-Lorraine, l'équipe de France de football arrache son premier trophée de l'histoire. Meilleur buteur (un record jamais égalé avec 9 buts), Michel Platini terrasse l'Espagne en finale, d'un coup franc « magique ». En brandissant la Coupe, il fait rêver la France qui, deux ans plus tôt à Séville, a dramatiquement manqué la finale de la Coupe du monde. Maître à jouer de la Juventus, il se retire à 32 ans.

cosmo city
ARISTON

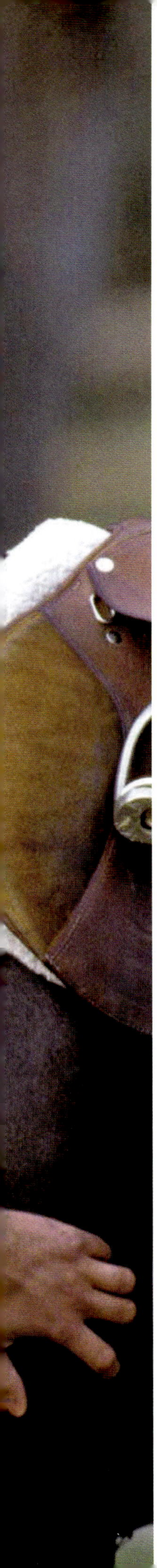

JAPPELOUP / PIERRE DURAND

J.O. DE SÉOUL, 1988

MERCI, JAPPELOUP

Par Gérard Mestrallet

CHEF D'ENTREPRISE

« Finale de l'épreuve individuelle de saut d'obstacles. Jappeloup et Pierre Durand n'ont pas droit à l'erreur. Un parcours de rêve. Jappeloup, petit cheval (1,58 mètres), franchit des obstacles plus hauts que lui. C'est un être unique, bondissant, délicat, fantaisiste. Un vrai ressort. Ils terminent leur parcours sans faute, mais avec un point de dépassement de temps. Il faudra attendre le dernier concurrent, l'allemand Karsten Huck, très brillant. Celui-ci deviendra champion olympique s'il termine sans faire tomber de barre. Il touche au but : 10 obstacles franchis aisément, il ne reste plus que deux obstacles, mais Huck fait tomber l'avant-dernier, un oxer. Pierre Durand explose de joie. C'est lui qui devient champion olympique.

J'ai vécu cette finale avec une intensité extrême, avec ma famille. Le cheval y tient une grande place. Joëlle, mon épouse, est éleveuse de Selle français, dans notre maison normande. Mes trois enfants et moi avons passé – ensemble – tous nos « galops », jusqu'au fameux galop 7 qui permet de participer aux compétitions officielles et que j'ai décroché à 49 ans.

Ensuite, de 50 ans à 67 ans, mon bonheur a été de faire des concours hippiques avec mes enfants : lever à 5 heures du matin, l'odeur de l'écurie, le pansage des chevaux, le transport en camion, l'attente, la détente du cheval, l'angoisse du cavalier, puis l'épreuve qui dure une minute et libère la tension nerveuse, enfin la joie ou la déception. Que de beaux moments de partage avec les enfants. Notre rêve était que Joëlle produise, dans son élevage, un Jappeloup, que Caroline aurait mené aux J.O. !

Caroline a été vice-championne de France et l'un de nos chevaux, Obiwan, a gagné la Coupe des Nations à Calgary.

Pas si mal quand même.

Merci, Jappeloup. ■ »

C'est une très belle histoire, la rencontre d'un homme et d'un cheval. L'homme, un cavalier émérite, Pierre Durand, commence par bouder le petit cheval noir, caractériel et désobéissant. Mais l'homme finit par être attendri, en tout cas sidéré, par le cheval qui possède un extraordinaire coup du saut. Le couple est né et ne se quittera plus. En 1984, à Los Angeles, c'est un échec. Jappeloup refuse un obstacle et Durand chute. Quatre ans plus tard, à Séoul, les deux établissent un parcours de rêve. Et l'homme accroche sa médaille d'or à une bride passant sur le poitrail du petit cheval.

KATARINA WITT

J.O. D'HIVER DE CALGARY, 1988

Sur la glace, elle mêle performance et beauté classique, braquant un projecteur fort sur le patinage considéré encore comme un art mineur. Grâce à elle, charismatique, cette discipline va glisser dans l'ère moderne et vers une médiatisation sans égale. Deux fois championne olympique, en 1984 et 1988, le programme de cette sublime Allemande est à chaque fois un événement en soi, un thème inédit, une tenue atypique, une coiffure différente, une histoire nouvelle. Passée professionnelle, elle jouera un rôle dans le film *Carmen on Ice*, servira de modèle pour de nombreuses publicités, et posera nue dans *Playboy*, en décembre 1998.

CARMEN

Par Marie-Claude Pietragalla

DANSEUSE ÉTOILE, CHORÉGRAPHE

« Carmen est le personnage rêvé, fantasmé, que chaque artiste, chanteuse, danseuse, comédienne, patineuse souhaite interpréter. Cette jeune Andalouse nous fascine toutes. Elle est libre et désinvolte, imprévisible et pleine de contradictions et de paradoxes, et surtout elle nous permet tous les défis artistiques.

La performance inoubliable de Katarina Witt aux Jeux olympiques de Calgary en 1988 restera un moment marquant dans l'histoire du patinage artistique. Une beauté renversante, une exécution ciselée et insolente, un charme et une élégance, des prouesses techniques sublimées ont fait vibrer à l'unisson le public du monde entier et déchaîné enthousiasme et admiration. Figure emblématique de sa génération, Katarina Witt a su conjuguer les indispensables qualités artistiques et techniques pour incarner un patinage moderne plein d'élégance et de grâce. »

ALAIN PROST / AYRTON SENNA

GRAND PRIX DU CANADA, JUIN 1986

DES FRÈRES ENNEMIS

Par Luc Ferry

PHILOSOPHE, ANCIEN MINISTRE DE L'ÉDUCATION NATIONALE

« Prost, le professeur, et Senna, l'artiste ? Prost et Senna qui se seraient haïs ? Les images d'Épinal sont trompeuses. Je pense qu'ils étaient tous deux professeurs et artistes, et je suis certain qu'à la mort de Senna, Prost était dévasté, car il perdait ce que Nietzsche appelait le « bon ennemi », celui qu'on adore affronter parce que, comme nul autre, il nous pousse à dépasser les limites. Malgré l'hostilité de ces écologistes qui veulent maintenant « casser les rêves d'enfants », la course automobile ne disparaîtra pas, car, comme tous les sports dangereux, elle continuera d'offrir à ceux qui la pratiquent des moments d'intensité irremplaçables.

D'abord, parce que la course est un domaine où la perfectibilité et le dépassement de soi sont quasiment inépuisables. Certes, on finit par rencontrer ses limites, mais vaincre un danger, surmonter une peur contribue toujours à nous rendre meilleurs. Chaque fois que nous parvenons à triompher d'un obstacle, nous gagnons en liberté, en confiance en soi, voire en ouverture aux autres, et c'est là, sans doute, l'un des enjeux majeurs des sports. Ensuite, comme le disaient les sagesses anciennes, l'une des plus grandes joies de l'existence consiste à parvenir à habiter le présent, à s'affranchir de la nostalgie comme de l'espérance.

« *Carpe diem* », disait Horace. Or, sur un circuit, à pleine vitesse, dans une grande courbe aux limites de l'adhérence, si une chose est certaine, c'est qu'on ne pense ni au passé, ni au futur. Seul le présent compte, et il devient si intense qu'on a tout intérêt à l'habiter au mieux. Intensité, plaisir de se perfectionner, de se mesurer à d'autres, joies de la vitesse demeureront encore longtemps l'apanage délicieux de ce sport automobile qu'en modeste amateur j'aime encore pratiquer, mais que Prost et Senna ont incarné au plus haut niveau depuis Fangio. »

CAMEL
Shell
Marlboro
McLAREN INTERNATIONAL
Marlboro
Marlboro
BOSS
MEN'S FASHION

Barcelone, août 1992 : l'équipe américaine bat la Croatie 117 à 85 et remporte la médaille d'or. Michael « Air » Jordan (9) entouré de Scottie Pippen (8) et Lary Bird (7).

MES ANNÉES 90

« DREAM TEAM »

Merci Canal+ de m'avoir invité au sein de sa « Dream Team » à l'occasion des Jeux de Barcelone. Il y avait aussi Jean-Claude Killy, Thierry Rey, Jean-Claude Bouttier, Yannick Noah, Alain Mosconi, Stéphane Peyron, Patrick Bruel, Michel Platini... Notre capitaine, Charles Biétry, a composé un plateau unique au monde. Aligner une équipe de consultants « stars », c'est un tournant dans l'histoire de la télé. Leur expertise rassure et enthousiasme les téléspectateurs.

Le moins « capé » mais le plus privilégié s'appelle George Eddy. Il va commenter la révélation de ces Jeux : la plus féerique équipe de basket-ball de tous les temps, dont le label, la « Dream Team », s'impose pour la postérité. Ils s'appellent Magic Johnson, Scottie Pipen, Karl Malone, Charles Barkley, Larry Bird, Patrick Ewing... Leur maître absolu, Michael Jordan, va bientôt chausser la jeunesse des cinq continents, tandis que pour « Larry Legend », criblé de blessures, et pour Magic, touché par le sida, ce sera la « Der des Ders ».

J'assisterai à l'extase de la finale contre la Croatie (117-85). Le choc.

Je verrai aussi triompher Marie-Jo Pérec, 24 ans après Colette Besson. Le destin a voulu qu'au stade de Montjuic, Marie-Jo occupe le même couloir que sa devancière : le 5. Je la retrouverai quatre ans plus tard à Atlanta, comme porte-drapeau de la délégation française et comme double championne olympique (200 mètres et 400 mètres). Je l'avais proposée comme figure symbolique de la République à travers le buste de Marianne.

J'avais découvert Florence Arthaud à Barcelone. Celle que l'on surnommait « la petite fiancée de l'Atlantique ». Elle surfait sur son triomphe à la Route du Rhum et le record de l'Atlantique, deux ans plus tôt. Nous avons partagé un apéritif euphorisant pour fêter dignement la victoire de Franck David, premier Français champion olympique de planche à voile.

Député de Seine-et-Marne depuis 1986, je fréquente assidûment le monde politique où figure Bernard Tapie de manière emblématique. Je le connaissais depuis longtemps. En 1982, nous avions failli travailler ensemble autour d'un projet de club de fitness. À l'époque, le sport constituait un aimant pour lui : d'abord le football à travers le Paris Saint-Germain, puis le cyclisme, où il a réussi en constituant l'équipe de La Vie claire (Bernard Hinault-Greg LeMond). C'était une époque où je me cherchais. Tapie m'avait ouvert les bras ; au même moment Jacques Chirac me tendait la main. Finalement, Tapie choisira l'OM et moi, Chirac. En 1993, c'est l'apothéose pour l'OM, entraîné par le Belge Goethals, qui remporte la Coupe d'Europe des clubs champions face au Milan AC de Berlusconi (but de Basile Boli).

Marseille en fera sa fierté : « À jamais les premiers. »

Côté foot, on est loin d'avoir tout vu. Nos Bleus décrocheront le titre suprême et broderont sur le maillot la première étoile de champions du monde face au Brésil (« Et 1, et 2, et 3-0 ! »). ■

FLORENCE ARTHAUD

ROUTE DU RHUM, 1990

LA PETITE FIANCÉE DE L'ATLANTIQUE

Par Hubert Arthaud

« Chaque matin, je n'ai qu'à lever les yeux pour porter le regard là où Florence repose. Du cap d'Antibes où je réside, la vue se prolonge vers Sainte-Marguerite, la plus grande des îles de Lérins qui bouclent la baie de Golfe-Juan.

Ma sœur repose dans cette île où se trouve la tombe de notre frère aîné, Jean-Marie; auprès de celle de notre père.

Gagner Sainte-Marguerite en contournant le cap n'est qu'une formalité, toutes voiles bordées. Bien avant d'y accoster, Florence reste proche de ma vue, car au beau milieu de la rade se dresse un petit phare: la Fourmigue. C'est là que nous avons dispersé une partie des cendres de Florence, après la tragédie qui nous l'enleva, le 9 mars 2015, au fin fond de l'Argentine. Mourir à cause d'un jeu télé: maudit *Dropped* ! En miniature, le site rappelle les grands phares de Bretagne qui ont jalonné la vie de Florence, marin hors pair; la première femme à avoir remporté la Route du Rhum en solitaire et battu le record de l'Atlantique. Son doublé de 1990 lui valut, d'ailleurs, le titre affectueux de « petite fiancée de l'Atlantique ».

Quand la ville de Vannes, en Bretagne, son pays d'adoption, inaugura le giratoire Florence Arthaud, « *Kroashent Tro Florence Arthaud* », à l'été 2018, les bombardes du bagad local sonnèrent un déchirant *Amazing Grace*. La voix de Loïck Peyron s'éleva alors: « *Il y a beaucoup d'étoiles dans le ciel, Florence, mais pas deux comme toi.* » ■ »

18 novembre 1990. Un peu avant minuit, Florence, 33 ans, franchit la ligne d'arrivée de la 4e Route du Rhum, la course transatlantique en solitaire, entre Saint-Malo et la Guadeloupe. La navigatrice, qui depuis toujours vogue sur les mers, rallie Pointe-à-Pitre en 14 jours, 10 heures, 8 minutes et 28 secondes. Dès lors, « la petite fiancée de l'Atlantique », c'est ainsi qu'on la surnomme, ouvre le petit monde de la course au large, réputé pour son machisme, aux femmes, et ce n'est pas le moindre dans sa victoire à l'impact universel.

Hubert Arthaud a préfacé le livre Océane *de sa sœur Florence (éditions Arthaud)*

LES NOUVEAUX MOUSQUETAIRES

COUPE DAVIS, 1991

LA BANDE À YANNICK

Par Jean-Paul Loth

CAPITAINE DE L'ÉQUIPE DE FRANCE DE TENNIS

« Oui ! le droit nous est acquis de nous extasier, au même titre que celui d'être fébriles ou émus en évoquant des souvenirs : oui ! parce que l'histoire nous rappelle que les comportements entendus n'ont jamais été invités aux folies que pouvait déclencher le moindre premier tour de Coupe Davis.

Ce clin d'œil à 1991 est le condensé des joies exprimées à la seconde où la bande à Noah terrassa, en finale de la plus sublime des épreuves du tennis, la meilleure équipe du monde.

L'émotion fut à la hauteur de la longue quête nationale.

Tant de fortes attentes, tant d'espoirs engloutis, tant d'efforts investis, tant de craintes de manquer encore une fois la dernière marche furent ce jour subitement soufflés pour laisser place aux explosions de bonheur. Le feu d'artifice émotionnel qui illumina la somptueuse victoire est difficile à restituer.

Je commentais l'événement pour France 2. Le ralenti de la balle de match ne s'effaça qu'avec les larmes qui inondaient mon visage et les incantations de mon ami Michel Drhey, qui tentait de me faire dire un mot qui ne vint jamais. J'étais connecté à Philippe Chatrier qui, à cinquante mètres de là, subissait un choc dont il n'avait pas imaginé l'ampleur. Je voyais mon patron, mon ami dont la discrétion confinait à la timidité, égaré parmi les gens qui l'embrassaient et je captais avec une lucidité totale l'étendue de son bonheur.

Puis Yann le saisit dans ses bras, puis la délirante saga débuta...

Il est étrange de constater comment la dimension d'un succès peut anesthésier le résultat des flots d'adrénaline déversés dans vos artères.

Nouvellement olympiques, nous avions rejoint les grands de notre sport et mon exaltation fut tout autant absorbée par les plaisirs vécus grâce aux sublimes et appréciées joutes de raquettes que par la sensation d'avoir vu s'accomplir quelque chose de fort, de grand et de bien.

Que ceux qui ont cru intéressant de se distinguer en supprimant un joyau du sport méditent pendant longtemps sur l'étendue des dégâts causés. Rien ne remplacera ce qui fut. Pas même une nouvelle et belle épreuve de remplacement. »

Le 1er décembre 1991, les tennismen français offrent à la France sa 7e Coupe Davis, la première depuis 1932 et l'épopée des Mousquetaires. Intronisé capitaine en début d'année, alors qu'il est près de sa retraite sportive, Yannick Noah transforme radicalement cette équipe et lui insuffle un état d'esprit vainqueur. On dirait une famille. C'est une famille. Emmenés par Sampras et Agassi, les deux prodiges sont largement favoris. Mais Henri Leconte et Guy Forget sont survoltés, métamorphosés. Ils combattent davantage qu'ils jouent. Et ils gagnent ! « Saga Africa », chantent alors Noah et la France entière.

MIKE POWELL

CHAMPIONNAT DU MONDE, 1991

UN DUEL POUR L'HISTOIRE

Par Estelle Denis

ANIMATRICE TÉLÉ

« 1991, fin de l'été, je me passionne pour les championnats du monde d'athlétisme à Tokyo. Je n'ai pas la télévision et je vais chaque matin chez mon père assister religieusement à toutes les retransmissions. Comme tout le monde, j'attends avec impatience le concours de la longueur. Je voue une admiration sans borne à Carl Lewis et je rêve de le voir battre le record de 8,90 mètres de Beamon, établi en 1968. La séance de qualification avait déjà fait entrevoir qu'il n'aurait qu'un seul adversaire. Un certain Mike Powell. Pas du tout la même classe, le crâne légèrement dégarni ; il ne me semble pas à la hauteur de mon idole, mais méfiance...

Le jour J, Patrick Montel, de France Télévisions, fait monter la tension autour de ce concours qui pourrait bien être historique. J'ai toujours aimé ses commentaires, sa façon de hurler et de vibrer ; avec lui, j'ai l'impression d'être au stade... Le début du concours est prometteur, Lewis bat son record personnel avec un bond de 8,83 mètres, mais un vent trop favorable. De son côté, Powell mord un essai qui semble flirter avec la ligne mythique des 9 mètres.

Cinquième essai : Carl Lewis s'élance et retombe encore une fois très loin. Il exulte, lève les bras. Le vent est à 2,9 m/s, son saut ne sera pas homologué, mais il vient de réaliser un bond magnifique à 8,91 mètres, un petit centimètre devant Beamon.

J'ai les larmes aux yeux, quelle tension ! C'est pour des moments comme ceux-là que j'aime tant le sport. Quelques minutes plus tard, Powell demande le soutien du public en claquant des mains et s'élance à son tour. Il a l'air concentré, presque possédé. Il décolle et semble rester en suspension pendant une éternité. Ses jambes et ses bras tournent dans le vide. L'impression que le temps s'arrête. Le moment est fort, magique. Il retombe et tout de suite regarde le vent. 0,3. Puis l'écran pixélisé sur lequel s'affiche cette marque jamais battue depuis : 8,95 mètres. Record du monde ! Patrick Montel hurle sa joie, Powell se met à faire un sprint autour du stade, il fonce, il lève les bras, le bonheur à l'état pur. Et moi, je pleure. De joie, d'excitation. Je viens de vivre en direct un moment historique, l'un des plus grands exploits sportifs du XXe siècle. Je suis heureuse.

Si je pouvais me mettre une minute dans la peau de quelqu'un, je choisirais Mike Powell. Ce jour-là, l'athlète américain était pour moi la magie du sport. »

J'avais 15 ans. ■

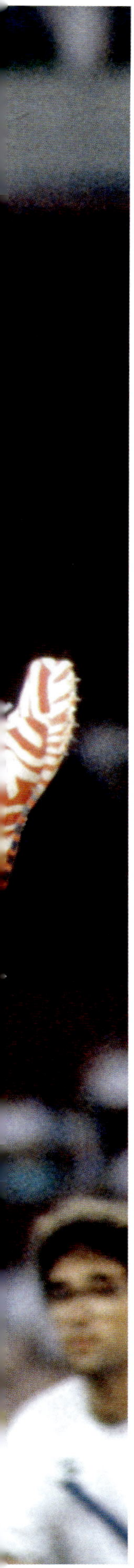

30 août 1991. Le jour de gloire est arrivé pour l'Américain Mike Powell. Son duel, au saut en longueur, avec son compatriote Carl Lewis va enflammer le stade de Tokyo et encore le monde entier. C'est la finale des championnats du monde. Lewis a déjà bondi à 8,91 mètres avec un vent très – trop – favorable. Alors, Powell se présente au bout de la piste d'élan. C'est son cinquième essai. Il est enfermé en lui-même, sourd à la foule qui gronde et qui croit encore en secret à un exploit de sa part. La course est majestueuse, impressionnante de précision. L'appel est juste parfait. Le saut n'en finit pas. Powell rebondit à 8,95 mètres. Nouveau record du monde. Pour combien de temps encore ?

MICHAEL JORDAN / LA DREAM TEAM

J.O. de Barcelone, 1992

C'est la plus grande équipe de tous les temps, tous sports confondus. Les meilleurs basketteurs américains, tous artistes, tous millionnaires, Michael Jordan, Magic Johnson, Larry Bird, Karl Malone, Charles Barkley, Clyde Drexler, Scottie Pippen, Pat' Ewing, débarquent à Barcelone à l'été 1992, pour un feu d'artifice à ce jour jamais tiré. Ensemble, ils forment la « Dream Team », l'équipe de rêve. La supériorité des stars américaines est telle que le coach, Chuck Daly, ne demandera aucun temps mort pendant toute la compétition. La « Dream Team », conduite par un flamboyant Michael Jordan, s'impose à tous ses adversaires avec un écart moyen de 43,9 points ; le score moyen est de 117,3 points ; le pourcentage de réussite de 57,8 %. Du jamais vu !

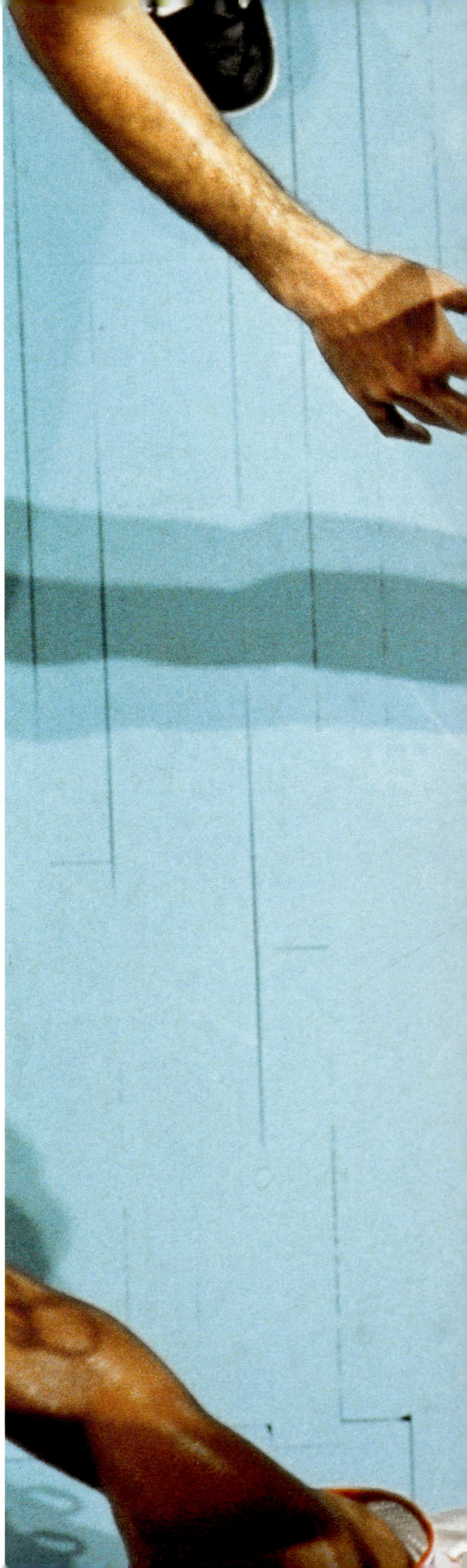

JEAN-FRANÇOIS LAMOUR

J.O. DE BARCELONE, 1992

Dès 1984, le grand «Jeff» remporte l'épreuve du sabre aux J.O. de Los Angeles. Mais le boycott de l'épreuve par les pays de l'Est diminue le crédit de cette performance. Qu'à cela ne tienne, il attendra quatre ans, les Jeux de Séoul, avant de montrer sans contestation possible sa supériorité. De l'or, encore. Ses adieux à la compétition sont célébrés à Barcelone, en 1992, quand, à l'issue de deux médailles de bronze en individuel et en équipe, il est porté en triomphe, jeté en l'air, par la délégation française. Redescendu sur terre, la tête pleine, les idées en place, Jeff deviendra ministre des Sports, de la Jeunesse et de la Vie associative entre mai 2002 et mai 2007.

BASILE BOLI

Ligue des champions, 1993

26 mai 1993. Ce soir-là, Basile Boli est entré dans la légende du sport français. C'est la 43e minute de la finale de la Ligue des champions en football, à Munich, entre l'Olympique de Marseille, dont Boli est un fougueux défenseur, et le Milan AC. Bernard Tapie contre Silvio Berlusconi. Un choc. Boli raconte : *« Abedi Pelé m'avait prévenu avant le match. Comme les Milanais étaient grands, il tirerait les corners au premier poteau. Et il m'avait demandé d'y être. Sur le but, je le vois qui me cherche avec ses yeux comme des lasers, et je me dis : "Je vais y aller au cas où le ballon arrive, car si je n'y vais pas, il va m'engueuler…" »* Et le ballon est arrivé pile sur le crâne de Basile Boli. Victoire de l'OM, 1 but à 0. Vingt-huit ans ont passé et les Marseillais et Boli demeurent « à jamais les premiers ».

TDK
539
18

JONATHAN EDWARDS

1995

En 1995, Jonathan Edwards, qui croyait que Dieu lui avait donné le talent de sauter, fait figure d'élu. Au mois de juin, il réalise deux sauts – non homologués – au-delà de 18 mètres. Le 18 juillet, à Salamanque, en Espagne, il améliore une première fois le record du monde du triple saut vieux de dix ans de l'Américain Will Banks, d'un centimètre, en réalisant un saut à 17,98 mètres. Mieux encore : aux championnats du monde de la même année, à Göteborg, son premier essai est mesuré à 18,16 mètres. Puis vient le second, à 18,29 mètres ! Le Britannique écarte les bras, incrédule, s'agenouille et embrasse la piste. Il a fait progresser le record du monde de 31 centimètres. Dieu était encore avec lui. Depuis, le héros, semble-t-il, a perdu la foi…

JONAH LOMU

ALL BLACK

Il fut, à 19 ans (1994), le plus jeune joueur néo-zélandais à endosser le prestigieux maillot des All Blacks orné de la fougère argentée. D'origine très « îlienne », côté Pacifique (Tonga, Wallis, Samoa) et aussi de sang maori, il est doté d'un physique hors normes, pour un ailier. Il a marqué les esprits à jamais par ses chevauchées inspirantes et ses essais d'anthologie. En 1995, lors de la Coupe du monde disputée en Afrique du Sud, il en marquera 7, dont 4 en demi-finale contre l'Angleterre. En Coupe du monde, il en aura inscrit 15. Huit ans après sa mort (arrêt cardiaque), le record tient toujours.

HARDYS WINES

NELSON MANDELA / FRANÇOIS PIENAAR

Coupe du monde de rugby, Afrique du Sud, 1995

« Sous l'inspiration de François Pienaar, notre équipe a fait la fierté du pays tout entier », écrit Nelson Mandela, dans la préface de l'autobiographie Rainbow Warrior (« L'arc-en-ciel »), titre qui symbolise l'unité dans leur diversité des peuples qui composent l'Afrique du Sud. Le président sud-africain avait revêtu le maillot des Springboks pour accompagner le triomphe de son équipe sur les All Blacks de Jonah Lomu (15-12 après prolongation). En 2011, il rejoindra Pienaar au World Rugby Hall of Fame, le panthéon d'Ovalie.

LAURA FLESSEL

J.O. D'ATLANTA, 1996

Dès l'âge de 6 ans, elle commence l'escrime, se spécialise à l'épée, et vite, elle obtient ses premiers succès sur la scène mondiale, en 1995. L'année suivante, aux Jeux d'Atlanta, elle pose son style, sa griffe. Avec Valérie Barlois et Sophie Moressée-Pichot, Laura enlève le titre olympique dans l'épreuve par équipes. Puis vient le sacre personnel aux dépens de son amie, Barlois, 15 touches à 12. Elle sera nommée ministre des Sports dans le premier et second gouvernement d'Édouard Philippe, sous la présidence d'Emmanuel Macron.

uci
INTER
SPORT
ITM

JEANNIE LONGO

J.O. D'ATLANTA, 1996

Aucun champion ne peut afficher un palmarès aussi glorieux que la cycliste savoyarde : 13 titres de championne du monde, 59 fois championne de France (dans plusieurs catégories). Elle aurait aussi pu s'imposer à ski avec la génération post-sœurs Goitschel. Elle n'a pratiqué le vélo qu'à l'âge de 20 ans. L'année suivante, elle était déjà championne de France. En 1985, elle est championne du monde. Après une courte retraite – à 31 ans –, elle remonte en selle et rafle les trophées : double championne du monde (en ligne et contre la montre en 1995), record du monde de l'heure (48,159 km/h) en 1996, à Mexico.

MARIE-JO PÉREC

J.O. D'ATLANTA, 1996

UNE DÉESSE

Par Rachel Khan

CHAMPIONNE D'ATHLÉTISME, ÉCRIVAINE

« Déesse du stade à l'image est immortelle. Marie-José Pérec, la grande dont les foulées de géante ont fait vibrer le monde entier. Image irréelle, d'un destin unique, qu'elle a su en reine nous offrir.

Courir puisqu'il le faut, pour elle, mais aussi pour un pays tout entier, pour des cœurs battants qui ont peur avec elle, qui souffrent avec elle. Elle ira jusqu'au bout du rocher porter ce drapeau-là, et nous irons jusqu'au bout avec elle, en apprivoisant le sol le plus vite possible, pour nous libérer de nous-mêmes dans une seule beauté, la sienne.

Elle : intense, impulsive, racée, qui attend sur la ligne de départ.

Lorsqu'elle est dans les *starts*, jamais un silence n'a été aussi long. Nous sommes debout à ses côtés, impatients. Le coup de feu retentit et dès la première foulée, la leçon est donnée. L'ensemble des éléments se plie à son art.

Sa performance est indissociable du beau, de cette vibration-là, qui rappelle le plus émouvant des poèmes, la plus belle des libertés, la plus magique des rythmiques.

Déesse qui nous fait croire que tout est simple à force d'exigence, de dévotion, de sacrifice pour ce tour de stade.

Déesse de la souplesse, de l'adaptation, de la robustesse autant que de la finesse, l'intelligence de sa course n'a ainsi d'égale que la puissance de sa détermination.

Savoir puiser des forces au plus profond de soi, malgré la douleur des derniers 100 mètres, poursuivre l'accélération puisque ralentir c'est perdre, un mot qui n'existe pas. Rester placée, lucide, nette et précise vers un seul but, qui nous fait un, sa victoire.

Transcender les derniers mètres, apercevoir la ligne d'arrivée, les juges, entendre à peine le brouhaha d'un stade en liesse, vibration de nos âmes qui communient ensemble face à un exploit qui se déploie sous nos yeux.

Elle était déesse de son île, aujourd'hui elle est déesse de la France, où de son rocher elle dompte la terre, le vent et la mer, à jamais. Déesse de tous les records et de tous les temps, Marie-Jo. »

Porte-drapeau de la délégation française aux Jeux olympiques de 1996, Marie-Jo Pérec ensorcelle le stade d'Atlanta (Géorgie), grâce à son doublé historique sur 400 mètres et 200 mètres. Seule l'Américaine Valerie-Ann Brisco-Hooks avait déjà réalisé cet exploit en 1984, à Los Angeles. Sur son terrain ; portée par son public…
La « Gazelle », déjà victorieuse sur 400 mètres aux Jeux de Barcelone, quatre ans plus tôt, est la seule athlète française – en dehors de Killy en ski – auréolée de trois médailles d'or. Elle est également double championne du monde.

SEVERIANO BALLESTEROS

RYDER CUP, ESPAGNE, 1997

Cet Espagnol aura permis de faire connaître le golf en dehors de ses pays traditionnels et historiques. Il aura été l'une des plus grandes figures de la discipline, depuis le milieu des années 70 jusqu'au milieu des années 90.
Vingt ans de règne pour ce styliste, ce séducteur, si talentueux et toujours enthousiaste. Pour l'ensemble de son œuvre, Ballesteros serait nommé capitaine de l'équipe européenne pour la Ryder Cup, en 1997. L'épreuve se tenait pour la première fois sur le continent européen, en dehors des îles Britanniques.
Et Ballesteros et ses équipiers remportaient la partie sur le score de 14,5 à 13,5, face à une équipe américaine, où, déjà, se trouvait Tiger Woods

LAURENT BLANC / FABIEN BARTHEZ

COUPE DU MONDE DE FOOTBALL, FRANCE, 1998

« La victoire est en nous ! » Ainsi les communicants de la Fédération française de football ont-ils eu vite fait d'adapter « La victoire est à nous », tube des sonneries et fanfares du Premier Empire… Avant que les grognards de l'équipe de France 1998 savourent leur victoire et renvoient les Brésiliens aux plages à samba carioca, une scène insolite fait le tour des télés en mondovision : celle où Laurent Blanc, capitaine suspendu pour un carton de trop reçu en demi-finale, se précipite au-devant de Fabien Barthez, le gardien de but et lui embrasse le crâne.

11

ZINÉDINE ZIDANE

COUPE DU MONDE DE FOOTBALL, FRANCE, 1998

« Ma vie a basculé avec la finale France-Brésil », avouera Zinédine Zidane en revenant sur la victoire des Bleus en finale de la Coupe du monde. Le meneur de jeu avait récolté un carton rouge lors d'un match de poule. Il prend une revanche éclatante. Son premier but (27e), marqué d'une tête magistrale, concrétise l'emprise de l'équipe sur le match. Longtemps donné favori, le Brésil de Ronaldo, célèbre numéro 9, est balloté. Juste avant la mi-temps, Zidane récidive, puis Petit triple la mise : « Et 1, et 2, et 3-0 ! », on connaît la chanson !

Elle a plongé dans la piscine à l'âge de 6 ans, à Ambérieu-en-Bugey, dans l'Ain, et elle y a découvert son monde. Laure Manaudou va devenir au fil du temps, et entre les lignes, la plus grande nageuse du sport français, la plus titrée et la plus charmante. Son sourire dévastateur est un appel, une invitation à la natation.

MES ANNÉES 2000

POUR TOUT LAURE DU MONDE

Laure Manaudou... Elle est belle. Superbe. Rayonnante. C'est en soleil qu'elle a éclaboussé les J.O. d'Athènes. Elle n'a que 18 ans et déjà 3 médailles olympiques. Aux championnats d'Europe de natation à Budapest (2006), elle pulvérise son propre record du monde sur sa distance fétiche: le 400 mètres nage libre. Mais elle a aussi remporté le 800 mètres, le 200 mètres quatre nages et le 100 mètres dos.

Elle restera comme la plus grande nageuse française de tous les temps. Elle a suscité des vocations qui mettront en vogue les clubs de natation.

La France s'enorgueillit de deux autres phénomènes.

Sur le parquet, avec les Spurs de San Antonio – pour lesquels il signe son contrat en 2001 –, Tony Parker explose au plus haut niveau du basket-ball. Il sera le premier français sélectionné pour le All-Star Game. De taille moyenne (pour un basketteur), il n'est pas ménagé par ses adversaires. Sa vitesse, balle en main, est évaluée à 33 km/h. Il utilise sa vitesse pour venir conclure sous le cercle grâce à son «tair-drop», un tir en cloche qui lui permet d'éviter les contres. Défenseur correct, il est surtout réputé en tant que meneur de jeu et marqueur, il va toujours de l'avant pour les siens. Il va porter l'équipe de France (181 sélections entre 2000 et 2016) dont il se plaît à honorer le maillot en toutes circonstances. Meneur de jeu et meneur d'hommes. J'ajoute que Tony aura fortement contribué à obtenir la victoire pour Paris 2024, ville préférée à Lima (Pérou) en 2017.

La deuxième grande figure de cette décennie, c'est David Douillet. Déjà sacré champion olympique en 1996, à Atlanta, il revient après un accident de moto qui lui a valu huit mois de rééducation: *«Sydney? Il faudrait que l'on me coupe une jambe pour que je n'y aille pas.»* Il y bat le Japonais Shinohara. Je suis au bord du tapis auprès de Jean-François Lamour, l'escrimeur. Je revois David sanctionné pour «non-combativité» avant de reprendre l'avantage dans la dernière minute, bénéficiant d'un second yuko décisif.

Cette victoire en 2000 marquera la fin de sa carrière sportive. Il deviendra ministre.

L'éclair, la foudre avec Usain Bolt. Des Jeux de 2008 à ceux de 2016, le Jamaïcain gagne 19 titres mondiaux sur 21 épreuves. À Pékin, Juantorena et moi, côte à côte, nous étions abasourdis et aveuglés par l'élégance et la facilité du plus grand sprinter de tous les temps.

Devenu golfeur moi-même, après avoir admiré et joué avec Severiano Ballesteros, je ne me lasserai jamais de voir et de revoir, des greens d'Augusta à ceux de Saint-Andrews, l'incomparable Tiger Woods, vainqueur de quinze tournois majeurs. Il a révolutionné le monde du golf en popularisant son art.

Mon grand regret: que les Bleus de 2006, après avoir estoqué l'Espagne, et dansé sur le Brésil aient manqué une deuxième étoile à leur portée... ■

TIGER WOODS

2000

C'est le père Earl Woods, ancien militaire, qui parle : « *Mon fils est à moitié thaï, un quart chinois, un huitième blanc, un seizième amérindien et un seizième noir.* » Sa mère, Kultida, précise: « *C'est l'enfant universel.* » Initié au golf dès l'âge de 2 ans (!), Tiger va totalement révolutionner sa discipline et lui offrir un nouvel élan à l'aube des années 2000. Les audiences explosent quand il joue. Tous ses coups sont scrutés, étudiés, disséqués, de même que ses incartades, nombreuses. Il est au plus bas, au plus mal après un accident de voiture, et, toujours, il ressuscite… Jusqu'à quand ?

ROGER FEDERER

WIMBLEDON

LE STYLE FAIT HOMME

Par Alexandre Bompard

CHEF D'ENTREPRISE, PRÉSIDENT-DIRECTEUR GÉNÉRAL DU GROUPE CARREFOUR

« *Tout est dit, et l'on vient trop tard* », écrivait La Bruyère au début de ses *Caractères*, pris de vertige devant la somme des écrits légués par ses prédécesseurs. Comment, à l'heure du tourbillon d'images, du commentaire permanent, des stars et des idoles, ne pas éprouver ce même sentiment d'impuissance à vouloir parler en nouveauté de celui qui concentre déjà toutes les attentions ? Ne sait-on pas tout déjà de Roger Federer, de son œuvre, de son incroyable palmarès qui fait de lui le plus grand joueur de tous les temps ? J'ai déjà moi-même, sous le feu d'une passion sans cesse plus brûlante pour « RF », versé quelques pages à son hagiographie.

Federer a l'élégance d'apaiser lui-même mon tourment : faire du nouveau avec de l'ancien, n'est-ce pas précisément la marque de son talent ? D'un sport plus que centenaire, qui a connu bien des gloires, on croyait tout connaître ; Federer en invente une connaissance que nous n'avions pas. Il en varie à l'infini les gestes, étend les possibles, efface les limites. Ses adversaires impressionnent – mais eux sont ce que l'on connaissait déjà, sous la guise de l'effort, de la puissance, de l'efficacité. Federer est d'un autre ordre – pour reprendre les termes de Blaise Pascal, il allie l'ordre supérieur, celui de la grâce, à ceux des corps et de l'esprit.

« *Qu'on ne dise pas que je n'ai rien dit de nouveau*, écrivait Pascal dans ses *Pensées*, *la disposition des matières est nouvelle. Quand on joue à la paume c'est une même balle dont jouent l'un et l'autre, mais l'un la place mieux.* » C'est cela, Federer : il place mieux la balle, tout simplement. Son jeu est un art, du placement pour lui, du déplacement pour le spectateur – car son art nous déplace, nous fait voyager plus vite et plus loin qu'une petite balle jaune.

Un art du mouvement dont une photo ne peut capter qu'un éclat. Sur celle-ci, Federer, dans son jardin familier de Wimbledon, joue sur gazon. Photo splendide, aérienne, et pourtant loin d'exprimer mon intime conviction : que Roger Federer pourrait jouer sur l'eau.

Au moins puis-je y trouver une première réponse : qu'est-ce que la nouveauté dans un sport ancien et illustre ? Cela s'appelle le style. ■

Ses résultats, sa perfection technique, son élégance naturelle, l'esthétisme de son jeu ont amené la plupart des joueurs et des spécialistes de tennis à le considérer comme le meilleur joueur de tous les temps. S'il souffrait d'un tempérament fort, souvent excessif, au début de sa carrière, dans les premières années 2000, Federer s'est assagi au fil du temps, pondéré et courtois, en point de devenir « The Gentleman ». Parfait gestionnaire de sa vie et de sa carrière, il a joué plus de 1 500 matchs sur le circuit sans jamais abandonner une partie en cours. Capacité d'anticipation, jeu de jambes, coup droit, volée de revers, il y a tout dans la panoplie de ce joueur d'exception à la gestuelle tout en fluidité et décontraction. 103 titres en simple, 8 en double.

UNIQLO

DAVID DOUILLET

J.O. DE SYDNEY, 2000

« Il faudrait qu'on me coupe une jambe pour que je n'aille pas à Sydney », ainsi parlait David Douillet quelques mois avant le rendez-vous olympique. Victime d'un accident de moto en septembre 1996, juste après sa première médaille d'or, ses pépins physiques s'étaient accumulés : mal à l'épaule, entorse du poignet, douleurs au dos. Mais rien n'y faisait. Le Géant avait juré de défendre son titre en Australie. *« Oui,* souriait-il, *j'irai pour me marrer et pour prendre du plaisir. Si j'avais peur, ce serait grave... »* Le 15 septembre 2000, il portait le drapeau français, en tête de la délégation. Sept jours plus tard, il était en tenue et, en finale, il écartait d'un second yuko le Japonais Shinohara. Un mec en or.

ATHENS 2004
1
Hiko

TONY ESTANGUET

J.O. DE SYDNEY, 2000

À Sydney, âgé de 22 ans, il apparaissait pour la toute première fois en haut de l'affiche. Médaillé d'or en canoë-kayak, discipline confidentielle pour le grand public mais ô combien délicate, exigeante pour ses pratiquants. Athlète longiligne, doté d'une technique et d'un toucher d'eau rare, Tony devenait familier au plus grand nombre, en 2004. Deuxième *Marseillaise*, à Athènes. Échec, en revanche, en 2008, quand il se perdait dans le très tumultueux bassin de Pékin. Puis c'était une troisième médaille d'or à Londres , en 2012. Premier Français triple champion olympique en individuel dans la même discipline. Aujourd'hui, il pilote Paris 2024. Le compte est bon.

LAURE MANAUDOU

J.O. D'ATHÈNES, 2004

Laure Manaudou atteint les sommets en 2004, aux J.O. d'Athènes. Cette surdouée des bassins n'est alors âgée que de 18 ans et offre, sur 400 mètres, à la délégation française sa première médaille d'or en natation depuis Jean Boiteux, en 1952. Triple médaillée olympique et trois fois championne du monde entre 2004 et 2007, la nageuse a poursuivi une carrière marquée par des exploits exceptionnels et de grandes périodes de doute. Mais, toujours, elle finira par replonger dans la piscine, seulement guidée « par le plaisir ».

HICHAM EL GUERROUJ

2004

Toujours recordman du monde du 1 500 mètres, le Marocain Hicham El Guerrouj demeure, près de seize ans après son retrait des pistes, un inoubliable prince du demi-fond. 1996 marque le début de son règne avec quatre titres de champion du monde. Mais le pic de sa carrière viendra aux J.O. d'Athènes, en 2004, quand il remporte les médailles d'or du 1 500 mètres et du 5 000 mètres, devenant ainsi le second athlète de l'histoire après le Finlandais Paavo Nurmi à réussir le doublé dans ces deux disciplines. En 2014, il sera élu au temple de la renommée de l'IAAF, devenue la « World Athletics ».

MOROCCO
ATHENS 2004
2469
2
2348
3

TONY PARKER

SAN ANTONIO SPURS, 2001-2018

TONY POUR LA VIE

Par Sonia Rolland

MISS FRANCE 2000, COMÉDIENNE

« Tony, mon ballon d'oxygène.

J'ai toujours aimé le basket, j'ai joué au basket, dans un petit club, à Cluny, en Saône-et-Loire. J'ai été encore marraine pendant quelques mois de l'Élan Chalon. Cette discipline m'a fascinée tout de suite, très jeune femme. Mon bonheur fut plein, intense, quand, à l'initiative de *Télé 7 Jours*, on me proposa de faire la une avec celui qui ne tarderait pas à devenir le plus grand joueur français de tous les temps: Tony Parker.

Souvenir ému, bouleversant encore aujourd'hui. J'avais 18 ans et je venais d'être élue Miss France 2000, après avoir été sacrée Miss Bourgogne. Tony, lui, était sur le point d'être drafté par les Spurs de San Antonio. Nous étions presque jumeaux. Nous avons enfilé un maillot identique, enfin presque, et notre amitié naissait pour toujours.

Nos parcours ont évolué, nos chemins de vie se sont séparés, mais, régulièrement, nous prenons des nouvelles de l'un et de l'autre. J'ai été éblouie, j'ose le dire, par la carrière de Tony. Sans jamais se plaindre, rechigner à l'effort, en travaillant sans cesse sur ses faiblesses, se tenant prêt au sacrifice sur le terrain, Tony aura accompli une carrière fantastique, tant avec le maillot bleu de la France – il a toujours eu pour son pays un amour incandescent – qu'avec celui des Spurs, où il joua durant 18 ans! C'est peu dire qu'avec sa dimension, il aura fait avancer le basket en France.

Tony, en vérité, aura eu sur moi l'effet d'un ballon d'oxygène au sens où, à son exemple, je n'ai jamais voulu douter, toujours me remettre en question. Et faire preuve d'humanité, en toutes circonstances. Mieux qu'un grand champion, un bel homme. Mon ami. ■ »

Surnommé « TP » (prononcé « Tipi »), William Anthony Parker, dit Tony, fait entrer le basket français dans la surdimension américaine. Au palmarès du meneur de jeu – qui fut capitaine de l'équipe de France –, quatre titres de champion NBA avec le club texan et six sélections pour le All-Star Game qui récompense les meilleurs joueurs de la Ligue. D'une taille moyenne (1,88 mètres) pour un basketteur, son adresse et sa vista sont sans égales. International français, il mène les Bleus au titre européen en 2013. Quand il s'éloigne des parquets, après dix-sept ans au club, les Spurs retirent son célèbre numéro 9. En hommage.

Harley-Davidson

AMÉLIE MAURESMO

WIMBLEDON, 2006

Ce samedi 8 juillet 2006, Amélie Mauresmo entre dans la légende du tennis français en remportant Wimbledon, quatre-vingt-un ans après Suzanne Lenglen. En finale, elle dispose de la Belge Justine Henin en trois sets (2-6, 6-3, 6-4). Souvent critiquée pour sa fébrilité mentale, la joueuse française est ce jour-là irréprochable dans son jeu de service, son élan, sa maîtrise technique, notamment dans le dernier et troisième set. Ce succès, malheureusement, est bien trop souvent oublié. Et pour cause : toute la France n'a d'yeux que pour ses joueurs de football qui, le lendemain, allaient disputer et perdre face à l'Italie en finale de la Coupe du monde. Le coup de tête de Zidane plus que le coup droit de Mauresmo.

CHABAL : SURNOM « ATTILA »

En déboitant accidentellement la mâchoire du 2e ligne All Black Ali Williams, en 2007 et en accumulant les « tampons » (plaquages virils) qui font le bonheur des amateurs d'« impact players » sur YouTube, Sébastien Chabal n'a pas seulement gagné le respect de ses adversaires les plus rugueux, il s'est aussi attiré une litanie de surnoms, plus expressifs les uns que les autres : « Cartouche », « Hannibal Lecter », « Attila »... En 62 sélections en équipe de France de rugby, le colossal troisième ligne centre à barbe fournie et cheveux flottants, a marqué 30 points. Au-delà de son palmarès cossu (champion d'Angleterre, deux Tournois des VI Nations – dont un grand chelem) glané entre 1998 et 2014, l'ancien joueur de Bourgoin-Jallieu, des Sharks britanniques et du Racing Club de France est devenu une icône, donnant naissance à un phénomène populaire : la « Chabalmania ».

SÉBASTIEN CHABAL

ALL BLACKS-FRANCE, 2007

LES VALEURS DE L'OVALIE

Par Michèle Alliot-Marie

ANCIENNE MINISTRE

« Le rugby, c'est, en terre d'Ovalie, LE sport, mais c'est bien plus qu'un sport.

Au-delà du courage et de l'engagement physique total, si bien imagés ici par Chabal en plein effort, ce sont aussi des valeurs de partage, de solidarité et de respect de l'adversaire qui font le rugby.

C'est un ancrage au cœur de nos terroirs à l'accent chantant. C'est sans doute de cet ancrage local et villageois de ses débuts que le rugby tire plus que tout autre sport son sens de l'égalité et de la solidarité.

Les frontières sociales n'ont plus de sens sur le terrain, dans les tribunes ou à la buvette du stade quand se côtoient et vibrent à l'unisson le chef d'entreprise, l'ouvrier, le commerçant, l'instituteur, le notaire et le curé.

Ce respect, né sur le bord de touche ou dans les vestiaires, se prolonge dans la vie quotidienne et le travail.

Il transcende les générations. Loin du jeunisme à tout prix, dans le monde de l'Ovalie, l'admiration à l'égard des anciens champions n'a d'égal que l'empathie et le soutien des aînés aux plus jeunes.

Ce rugby est-il une nostalgie à l'heure de la professionnalisation ? En voyant notre nouvelle équipe de France, je me dis que le Rugby à la française, improvisé, fougueux, plein de panache avec ses figures hautes en couleur, avec sa morale mousquetaire, comme dirait Tillinac, est et sera toujours là pour faire rêver les jeunes.

Pour moi, le rugby demeure ce sport qui a rythmé mon adolescence au gré des matchs locaux ou internationaux jusqu'à ce France-Galles qui fit de mon père le premier arbitre français du Tournoi des Cinq Nations. Sur les bords de touche ou dans les tribunes, je me suis initiée aux règles du jeu, à son esthétique. J'y ai surtout appris ce qui a inspiré mon engagement en politique : ses valeurs humaines, morales, sociales et la fierté de la France. ■ »

Il a construit sa légende à Auckland (Nouvelle-Zélande) lors d'un test match perdu par les Bleus (42-11) mais où, pour avoir désossé Chris Masoe, puis une semaine plus tard Ali Williams, d'un coup d'épaule et ballon en main, il inspire le respect aux All Blacks, « shootés » au « haka », le cri de guerre maori d'avant-match... Morgan Steyn, l'ouvreur des Springboks (Afrique du Sud), sortira aussi groggy d'un plaquage du 3e ligne au physique et à la barbe de lutteur de foire. L'ancienne star de Bourgoin, de Sale (Angleterre) et du Racing compte 62 sélections, deux Tournois des Six Nations, dont un Grand Chelem.

NOUVELLE ZELANDE 2007

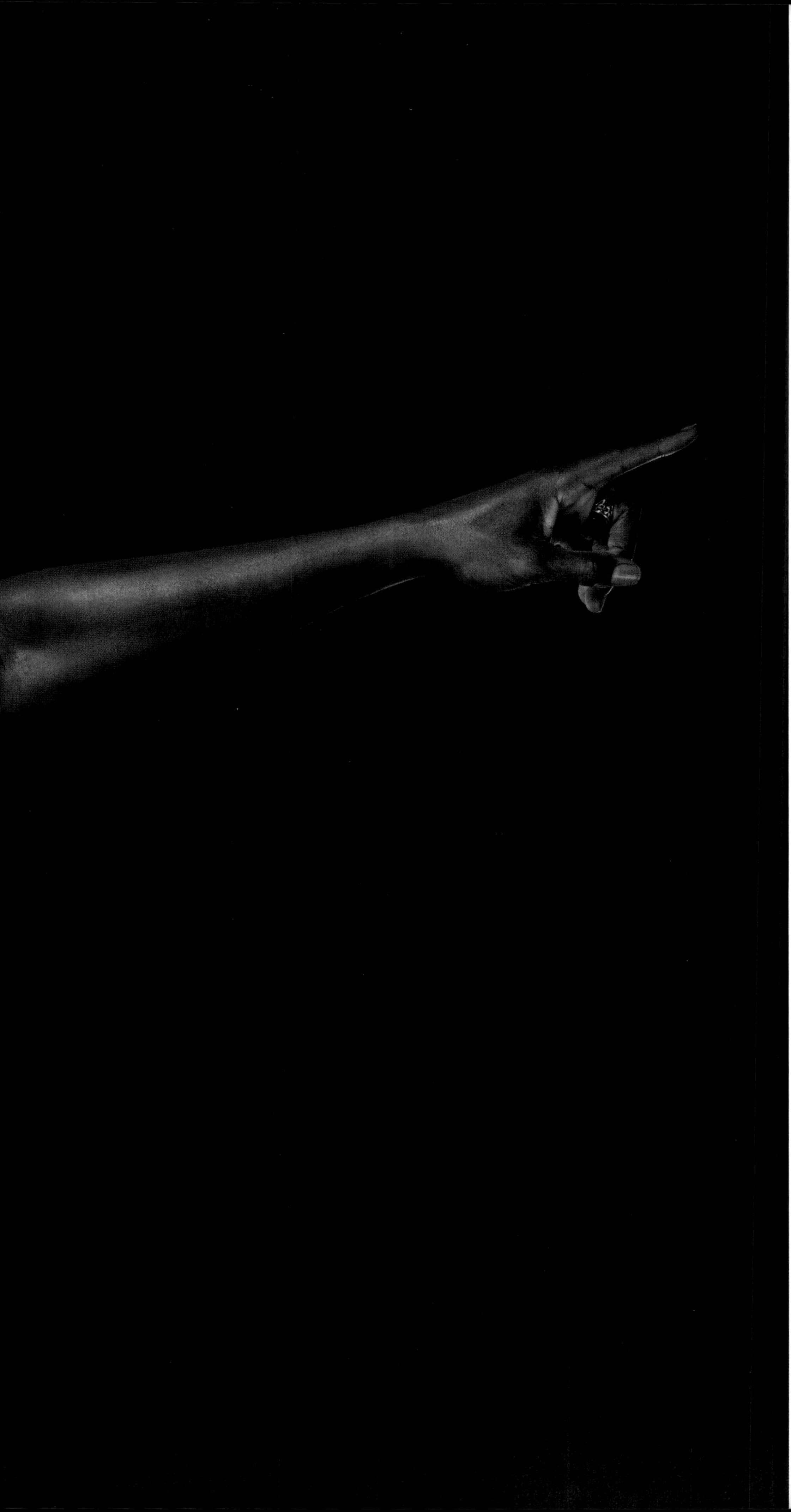

USAIN BOLT

J.O. DE PÉKIN, 2008

C'est « Lightning Bolt ». Ou « L'Éclair» ou « La Foudre ». C'est une armoire géante pleine de records, de trophées, de dollars accumulés entre 2008 et 2017. Huit médailles d'or olympique, 11 victoires aux championnats du monde. Premier athlète à détenir simultanément les records du monde du 100 mètres, du 200 mètres et du relais 4 fois 100 mètres avec l'équipe jamaïcaine. Seul sprinter à avoir conservé 2 titres individuels sur trois Olympiades consécutives. Plus gros contrat sponsoring – avec Puma – de toute l'histoire pour un athlète. Le plus grand sprinter de tous les temps ? Assurément. Son geste de tir à l'arc après chaque course gagnée demeurera à jamais mystique. Bolt aura gagné tous les cœurs avec une attitude truculente et des jambes de feu.

MES ANNÉES 2010

LA DEUXIÈME ÉTOILE

Et Pavard est arrivé… Un Ch'ti comme moi. J'ai imprimé, à jamais, sa reprise de volée face à l'Argentine.

J'ai toujours eu un regard tendre pour le foot et ses champions : Glovacki par mon père, puis Raymond Kopa et la génération Platini : Larqué, Rocheteau, Giresse. Je joue au golf avec Antoine Kombouaré. J'apprécie la « gouaille » de Luis Fernandez et son côté « Tontons flingueurs »…

Personne ne croyait aux chances des Bleus à Moscou. Sauf Didier Deschamps. C'est le « Père la Victoire ». C'est lui qui a porté Pavard. Un gamin alors, sorti de Maubeuge. Formé au Losc, passé par les Espoirs, il s'est révélé à Stuttgart et a tapé dans l'œil de Didier.

Inconnu avant la Coupe du monde, il en sortira champion du monde et auréolé du plus beau but du tournoi. Je revois aussi Kylian Mbappé qui a crevé l'écran en mondovision : mi-artiste, mi-athlète.

Son démarrage est fulgurant, l'accélération déroutante, tout en gardant la maîtrise du ballon. Sur 20-30 mètres, il est imbattable. Il était taillé pour le 100 mètres. Ce qui m'impressionne le plus, c'est qu'il conjugue à la fois une vitesse naturelle et sa maîtrise du ballon, mises au service d'un jeu collectif.

En parlant foot, je repense à la préparation d'un Lilian Thuram, lors de la Coupe du monde 1998. Il s'échauffait comme un athlète classique : élongations, étirements, exercices de souplesse. Lui, je le voyais alors en coureur de 400 mètres. Ailleurs, le monde du foot se divise et se rassemble sur les noms de Messi et de Ronaldo.

Sur le plan olympique, deux Jeux d'été m'ont apporté leur lot d'émotions fortes : Renaud Lavillenie embrasse les 6 mètres à la perche ; je remets la médaille d'or de judo à Teddy Riner.

C'est aussi une grande décennie pour les sports collectifs français (hommes et femmes). Nos handballeurs sont passés du statut de « Barjots », leur surnom des années 90, à celui d'« Experts ».

En basket, la France n'a d'yeux que pour Tony Parker. Son parrain est Jean-Pierre Staelens, un ailier virevoltant de Denain, grosse équipe du Nord qui fait mouche alors à travers l'Hexagone. Parker porte le numéro 9, jusqu'à San Antonio (Texas) dont il devient le meneur de jeu. C'était le numéro fétiche de Staelens. Tony est très attaché à la sélection nationale. Il est l'ambassadeur de la France aux États-Unis.

Mais comment ignorer l'action, la faconde, l'esprit de solidarité de Jean Le Cam, qui, en plein océan, va sauver Escoffier, un concurrent (et ami) sur le point d'être englouti par les flots.

Et là, nous sommes bien à l'opposé des caricatures du sportif, malheureusement dévoyé par certaines têtes de pipe égotiques du sport-spectacle. ■

TEDDY RINER

J.O. DE LONDRES, 2012

UN ADVERSAIRE À SA TAILLE

Par Karine Lacombe

INFECTIOLOGUE, CEINTURE NOIRE DE JUDO

« Je n'avais pas encore remisé tout à fait le kimono au vestiaire pour plonger dans les études de médecine quand Teddy a foulé un tatami pour la première fois. Quand on est enfant et que, les mains sur le col et le revers de l'adversaire, on arrive à placer un *uchi-mata* impeccable qui va envoyer l'autre dans les airs pour ensuite le plaquer au sol dans un bruit mat et définitif, on se sent le roi du monde et on regarde loin, bien loin, d'un regard fier et perçant. J'imagine Teddy à cet âge, entrevoyant déjà là où sa technique impeccable allait le mener un jour, jusqu'au sommet du monde des judokas, roi absolu d'un royaume où la force est sœur de l'humilité, où la bienveillance côtoie la détermination, où Teddy n'a un jour plus eu d'adversaire à sa taille. Alors on se prend à imaginer qui pourrait le défier tout là-haut…

Quand notre esprit vagabonde, il ne va pas du côté du Japon où Teddy a déjà tout gagné et contre tous, il va bien plus loin, là où l'on imagine qu'il pourra se confronter à la force brute. Parce que Teddy a cette force-là, mais en plus doublée d'une intelligence qui, quel que soit l'adversaire, lui permet d'imposer sa vision du combat. En face de ce grizzli, Teddy sourit, le regard brillant, il est de nouveau enfant, le monde est à ses pieds, l'avenir luxuriant. Il saisit l'animal comme il va saisir la vie, à pleine poigne et plein de joie. La joie de participer, la joie d'enseigner, la joie de gagner. De l'enfant que je devine derrière cette stature de stentor, il a gardé cet air frondeur du bon tour qu'il nous joue en affrontant cette peluche imposante, plus vivante qu'on l'imagine, car ce combat porte en lui tout ce qui fait l'essence du judo: maîtriser la force de l'autre dans le respect de ce qu'il est, homme, animal, (jouet!), et même dans la défaite on garde cette fierté d'avoir affronté plus fort que soit. Car quand l'adversaire est Teddy, la défaite doit même prendre un goût de victoire, celle d'avoir foulé le tatami, d'avoir empoigné son judogi et d'avoir expérimenté son *harai-goshi* légendaire pour finir au sol, dans un *ippon* éblouissant, comme l'est la vie de Teddy Riner! ■ »

Successeur de David Douillet comme tête d'affiche du judo français, Teddy Riner, 2,04 mètres pour 135 kilos, présente, malgré son gabarit, une morphologie atypique pour un poids lourd. Il a l'air davantage d'un lourd-léger. En 2019, il recevait un casque samouraï, symbolisant ses deux titres olympiques et ses dix titres de champion du monde. une récompense honorifique avec la ceinture rouge et blanche synonyme d'une 6e dan. Teddy a une puissance animale, une espèce de férocité quand il combat un adversaire. Son père voulait l'appeler Pierre-Marie. Son grand frère lui a finalement choisi le prénom de son ours en peluche: Teddy. Médaille de bronze à Tokyo, le « grand frère » remobilise ses troupes pour aller conquérir le titre olympique par équipe… chez les Japonais ! Une nouvelle grande victoire emblématique.

adidas

FLORENT MANAUDOU

J.O. DE LONDRES, 2012

Son rêve était de devenir joueur de handball. Il abandonnera ce sport après dix ans de pratique pour se consacrer exclusivement à la natation, comme avant lui sa sœur, Laure, et son frère, Nicolas, lui-même entraîneur. Aux J.O. de Londres, en 2012, c'est une bombe qui éclate ; il remporte la médaille d'or du 50 mètres nage libre et devient, à 21 ans, le sixième champion olympique de natation français en épreuve individuelle, lui qui n'a jamais encore été titré en championnats de France grand bassin ! Les titres vont alors s'accumuler, et il signe deux records du monde sur 50 mètres nage libre et sur 50 mètres dos. Après les Jeux de Rio, en 2016, il met sa carrière « entre parenthèses » afin de revenir au handball. Mais trois ans plus tard, il replonge. Médaillé d'argent aux derniers Jeux de Tokyo, il s'est fixé un ultime objectif : les J.O. de Paris 2024. Il aura 34 ans.

TYR
MANAU

RENAUD LAVILLENIE

UKRAINE, 15 FÉVRIER 2014

TOUJOURS PLUS HAUT

Par Dominique Mars

CONSULTANT EN STRATÉGIE

« L'image que je retiens de Renaud, car elle m'a beaucoup ému, est la photo du saut par lequel il a « effacé » le record de Bubka. La photo du saut de sa victoire aux J.O. de Londres m'a bien évidemment ravi mais beaucoup moins ému, car cette victoire était relativement attendue et les conditions de la compétition étaient « normales ».

Toute autre fut la charge émotionnelle du saut du record. En effet, Renaud a réussi cette performance athlétique hors normes alors qu'une pression psychologique incroyablement forte pesait sur ses épaules.

Pression émotionnelle tout d'abord, car le concours se déroulait à Donetsk, l'antre de Bubka, lequel se tenait de surcroît physiquement présent dans les tribunes.

Incroyable pression événementielle également, car Donetsk se trouvait alors à feu et à sang, au cœur d'une guerre civile particulièrement dure.

La force mentale de Renaud, pour réussir à maîtriser cette double pression psychologique, afin de dérouler à la perfection sa maîtrise technique pour s'envoler et détrôner l'Empereur, le place sans conteste possible dans une classe exceptionnelle et très clairsemée : celle des athlètes devenus techniquement les plus accomplis dans leur discipline grâce à un travail incessant ET qui ont démontré un sang-froid leur permettant de surmonter des pressions psychologiques qui auraient abattu tout compétiteur simplement hors normes athlétiquement.

Ce qu'a accompli Renaud à Donetsk est bel et bien un exploit de légende dont je place la force mentale démontrée pour l'accomplir dans la même classe que celles de Jesse Owens à Munich en 1936 (devant le dictateur de la race aryenne) et de Władysław Kozakiewicz à Moscou en 1980 (devant le maître de la dictature qui venait d'envahir son pays).

Peu importent Rio 216, Duplantis... Renaud, tu es et resteras unique. Je ne sais comment te remercier pour l'émotion que ta préparation faite de labeur incessant et ton mental légendaire m'ont procurée. »

Le saut à la perche est une tradition française. Jusqu'aux J.O. de Londres 2012, les deux derniers champions olympiques masculins étaient Jean Galfione à Atlanta et Pierre Quinon à Los Angeles. Ce jour du 30 juillet 2012, Renaud Lavillenie faisait place nette d'entrée, en franchissant dès son premier essai 5,65 mètres, 5,75 mètres, puis 5,85 mètres. La concurrence se réduisait. Il ne restait plus que deux candidats pour briguer l'or. Les deux sautaient à 5,91 mètres. Le Français se mettait alors au pied du mur, et demandait la barre à 5,97 mètres. Sa première tentative était un échec. La seconde, l'ultime, la cruciale, était la bonne : une course d'élan parfaite, un franchissement net, et l'or au bout de la perche. Bref, le septième ciel.

7

CRISTIANO RONALDO

PORTUGAL, 2016

À 17 ans, l'espoir formé à Madère, son île natale, puis au Sporting de Lisbonne, signe son premier contrat pro. Un an plus tard, en 2003, il est recruté par Manchester United pour 15 millions d'euros. À 19 ans, il dispute son premier Euro avec la sélection du Portugal. Le reste ressemble au bagage d'un porteur d'or : recordman de transferts (Real Madrid, Juventus de Turin), il joue 894 matches en clubs (674 buts), engrange quatre Ligues des champions avec le Real, est champion d'Europe des nations 2016 (contre la France), rafle cinq Ballons d'or (2008, 2013, 2014, 2016, 2017). Sportif le mieux rémunéré du monde en 2016-2017 grâce à sa marque CR7.

ESTELLE MOSSELY

J.O. DE RIO, 2016

SON POING D'HONNEUR

Par Valérie Pécresse

ANCIENNE MINISTRE, PRÉSIDENTE DE LA RÉGION ÎLE-DE-FRANCE

« C'était le jour de son anniversaire. Elle entrait dans ses 24 ans. Elle est sur le ring et je n'en perds pas une miette. J'ai déjà rencontré Estelle avant son départ de Paris, pour l'accompagner chaleureusement. J'aime la boxe, ce combat où l'agilité et la force se mêlent, où s'affirment les caractères, c'est un sport mais c'est aussi une leçon de vie. Je sens dans ce combat qui s'amorce le parfum électrique de l'exploit. Au bout des gants, l'enjeu pour Estelle Mossely est de décrocher pour la France la première médaille d'or en boxe féminine de son histoire. Médaille, France, femme, boxe: quatre raisons pour moi de sentir la fièvre qui monte à Rio. Quatre raisons aussi de pouvoir servir de modèle à ces jeunes filles que je croise dans les quartiers populaires et qui doutent encore trop souvent de leur destin.

Deux jours plus tard, Tony Yoka, le fiancé d'Estelle, est déclaré vainqueur sur le même ring. Il faut donc ajouter au combat de Rio le mot «amour». C'est un couple qui se bat côte à côte et tremble l'un pour l'autre. Me reviennent les clichés en noir et blanc de Cerdan et de Piaf. De tous les sports, la boxe est celui qui fait naître les plus belles légendes. Ce corps-à-corps est une parabole de la vie. Tout commence par une danse mais à chaque gong tout s'épuise et ne tient plus qu'à un fil.

Durant les premiers rounds, la Chinoise Yin Junhua semble tenir le match. Sa défense est serrée, ses coups moins agiles mais plus tranchants que ceux de la Française. L'inquiétude m'envahit. Je crains ces moments dans les cordes d'où peut jaillir le crochet. Il y a pourtant dans le regard d'Estelle un calme étrange comme si l'avenir lui appartenait. Le sport nous l'apprend: le mental tient le physique. Aux troisième et quatrième rounds, Estelle Mossely prend le dessus. Elle s'arrache, resserre sa garde, délivre plus de coups que son adversaire. Sa force s'impose comme une mer qui monte. Au coup de cloche final, je le sais, je le sens, la victoire lui appartient. Et c'est le sacre. Celui d'une Française, la première boxeuse tricolore championne olympique. Je ressens une immense fierté et émotion devant l'exploit de la gamine de Champigny, née d'une belle histoire d'amour francilienne: père d'origine congolaise, mère d'origine ukrainienne, toujours là pour la soutenir. «*Croyez en vos rêves, ça paye!*», lâcha-t-elle, essoufflée devant les caméras. Cette toute jeune femme, dont l'avenir nous a confirmé depuis qu'à chacune des étapes de sa vie sportive et personnelle, elle était une véritable championne de la trempe des plus grands! Le sport a l'art de nous faire courir derrière des étoiles. Et celui qui ne lâche rien peut même les attraper. ■ »

Poids léger (catégorie des moins de 60 kilos) et palmarès imposant : Estelle Mossely, déjà multimédaillée (bronze et argent) aux championnats d'Europe et du monde 2014 et 2015, explose l'année suivante. Non seulement elle conquiert le titre suprême (monde) à la force des poings, mais elle remporte la médaille d'or olympique le jour de ses 24 ans. Tony Yoka, boxeur lui aussi, complète « le tableau bonheur » en arrachant le titre olympique sous ses yeux à Rio. En dehors des rings qui ont fait sa gloire, elle est diplômée de l'école supérieure d'ingénieurs Léonard-de-Vinci et travaille chez Allianz.

FRANCE
Rio2016
FRANCE

MICHAEL PHELPS

J.O. DE RIO, 2016

Une torpille. C'est le champion le plus titré de l'histoire : 26 médailles olympiques, dont 23 en or, 3 en argent et 2 en bronze, en 5 participations (2000, 2004, 2008, 2012 et 2016). Très jeune, le « Kid de Baltimore » avait été traité pour un trouble déficitaire de l'attention (hyperactivité) et la pratique de la natation, dès l'âge de 10 ans, viendra canaliser cet excès d'énergie. Durant seize ans, Phelps, décrit comme « un homme solitaire », doté d'un véritable cœur d'enfant, aura absorbé pendant l'entraînement 8 000 à 10 000 calories par jour. Sa grande spécificité, la profondeur de sa coulée. Il descend à environ 1,50 mètres de profondeur pour en ressortir tel un papillon. Le plus grand nageur de l'histoire.

MARTIN FOURCADE

J.O. de Vancouver, 2010, Sotchi, 2014, Pyeongchang, 2018

Durant vingt années, son nom sera apparu à la une de l'actualité, comme le phare d'un sport méconnu par le plus grand nombre : le biathlon. Martin aura su lui donner toutes ses lettres de noblesse à travers une carrière exceptionnelle. Quintuple champion olympique, sept fois vainqueur du classement général de la Coupe du monde, 13 fois champion du monde, 150 podiums individuels sur 283 départs, Fourcade, et c'est à nos yeux son plus grand exploit, aura suscité des milliers de vocations pour ce sport d'origine militaire, combinant l'endurance nécessaire au ski de fond à l'adresse indispensable au tir à la carabine.

FRANCE
СОЧИ 2014
SOCHI 2014
18
17
16
15
14
13
11

10
3
21

KYLIAN MBAPPÉ

COUPE DU MONDE DE FOOTBALL, RUSSIE, 2018

À six mois près, il n'était pas né quand les Bleus remportèrent leur première étoile de champions du monde au Stade de France. Vingt ans plus tard, il sera le principal artisan de la victoire en Russie, illustrant sa prestation d'un match fulgurant contre l'Argentine de Messi. La nouvelle génération brode sa deuxième étoile sur le cœur. Dribbleur aussi fin qu'athlétique, il est professionnel depuis 2015. Champion de France avec Monaco en 2017, il est recruté le soir même par le Paris Saint-Germain. Un an plus tard, il est titré « meilleur joueur mondial des moins de 21 ans ». Depuis 2018, rien que pour son club, il a déjà marqué 111 buts en 123 matches !

DECATHLO
Kevin MAY
WR 91

KEVIN MAYER

16 SEPTEMBRE 2018

C'était un rendez-vous qu'il ne voulait pas rater, le décathlon de Talence, Gironde, l'une des mecques de cette discipline si implacable pour le corps et l'esprit. 16 septembre 2018. Pari ô combien réussi. Il battait ainsi le record du monde avec 9 126 points, soit 81 points de mieux que l'Américain Eaton. Mayer ou l'athlète parfait. Il dit : *« Le décathlon, c'est un sport mais pas seulement. Je me construis avec. Je suis au-dessus des nuages. Je vois le soleil, je prends des coups de soleil.* » Kevin Mayer est double médaillé d'argent aux Jeux de Rio (2016) et de Tokyo (2020).

EUGÉNIE LE SOMMER / MEGAN RAPINOE

COUPE DU MONDE DE FOOTBALL, FRANCE, 2019

Le Sommer, Bretonne de Ploemeur (Morbihan), formée à Vannes. Vice-capitaine des Bleues, elle en est la meilleure buteuse, à l'heure où la Coupe du monde 2019 est confiée à la FFF qui fête ses 100 ans. On la surnomme « la taulière » : depuis sa première sélection (2009), elle n'a manqué aucun match de l'équipe de France. Avec l'Olympique lyonnais, elle a gagné cinq Ligues des champions et neuf championnats. Elle hisse l'équipe de France en quarts de finale d'un tournoi remporté haut la main par les États-Unis, conduits par « l'activiste » féministe aux cheveux à mèches mauves et aux pieds d'or, la stratège insoumise Megan Rapinoe.

15
9
3
USA

JULIAN ALAPHILIPPE

Championnat du monde, 2020

Ancien baroudeur de cyclo-cross, sport où l'on roule des épaules et prend des bains de boue, Julian Alaphilippe, puncheur des grandes classiques ardennaises, de Milan-San Remo et des courses à étapes (il en a gagné six sur le Tour de France), est élu Champion des champions français par le journal *L'Équipe* en 2019 et 2020. Son double titre de Vélo d'or ressemble alors à une formalité. Après avoir porté le maillot jaune pendant 14 étapes du Tour 2019 (qu'il termine à la 5e place), il conquiert son bâton de maréchal en devenant le 9e Français champion du monde en 2020.

LOOK
CIC

YES
WE
CAM
FINISTÈRE
ibis SPORT
INDIAN
OCEAN

JEAN LE CAM

Vendée Globe Challenge, 2021

La solidarité des gens de mer n'est pas un leurre romanesque. Nul n'oubliera l'image et les appels de Florence Arthaud, en pleine Route du Rhum 1986, tournant, en vain, autour du bateau chaviré de Loïc Caradec… Sans l'issue fatale tant redoutée, le Breton Jean Le Cam, hirsute, jovial, nature, un éternel sourire aux lèvres et bardé de bravoure, se porte au secours de Kevin Escoffier dans les eaux glacées de l'Atlantique Sud. Sacrifiant ses chances de victoire lors du Vendée Globe 2021, il le sauve d'une mort certaine, termine à la 4e place et fait de sa devise le mot de la fin : « Yes, We Cam ! »

RAFAEL NADAL

L'AS DE LA TERRE BATTUE

Près de vingt ans qu'il trône, avec Federer et Djokovic, sur les courts de tennis. Estimant que son revers à deux mains tirerait profit d'un bras droit fort, Toni Nadal, son oncle, lui apprend à jouer avec le bras gauche alors qu'il est droitier d'origine. Rafael sait alors tout juste tenir sur ses jambes ! Très vite, Roland-Garros est son jardin préféré, sa terre d'accueil, où il présente un bilan record de 105 victoires pour seulement 3 défaites. 13 finales, 13 victoires ! Nadal est le seul à avoir obtenu toutes les distinctions de l'ATP – prix du nouveau-venu (2003) ; prix de la plus forte progression (2005) ; prix du fair-play (2010) ; prix humanitaire (2011) ; prix du retour de l'année (2013) ; n° 1 mondial en 2008, 2010, 2013, 2017 et 2019. La force de Nadal, outre ses qualités techniques et physiques, c'est qu'il joue tous les coups avec la même intensité, ne se relâchant jamais mentalement, sentant la fébrilité adverse quand il s'agit de conclure. Un roc.

tvrespons.se
NIELSEN
26
13
B. GILLE
6
ORANGINA

NIKOLA KARABATIC

L'OR OLYMPIQUE TRIPLE CARAT

1,96 mètre, 107 kilos de muscles, une puissance physique hors du commun, une habileté technique sans pareille, une intelligence tactique nourrie par vingt saisons de pratique au plus haut niveau, en club et en sélection, voici Nikola Karabatic, d'origine serbe, le handballeur français le plus titré de l'histoire avec trois titres olympiques, quatre sacres de champion du monde, et encore trois championnats d'Europe. C'est un perce-muraille, à la fois buteur et maître à jouer, leader naturel et charismatique. À 37 ans, il paraît inusable, indémodable. Le handball mondial tient dans sa main experte.

LIONEL MESSI

Copa America, 2021

Le gamin de Rosario (Argentine), arrivé chétif encore à l'Académie du FC Barcelone, est, à ce jour, le sextuple Ballon d'or et Soulier d'or européen. Junior au Newell's Old Boys, le club de sa ville, Lionel Messi – dit « Leo » –, attaquant polyvalent à taille de lutin (1,70 mètre), a disputé 810 matches pro avec le club catalan, y marquant 683 buts. Ce talent de buteur ajoute à sa vista de meneur de jeu et à ses qualités quasi « magiques » de dribbleur hors pair. En équipe d'Argentine, il compte 143 sélections (72 buts). Avec 37 titres (35 avec le Barça, dont quatre Ligues des champions, dix championnats d'Espagne), il est le joueur argentin le plus titré de l'histoire. Son arrivée à grand spectacle au Paris Saint-Germain à l'été 2021 a stupéfié le monde.

J.O. DE TOKYO, 2020

ENFIN, L'HYMNE À LA JOIE

Apothéose pour les volleyeurs français, tombeurs des Russes en finale (trois sets à deux). En propulsant à bout de bras leur entraîneur, Laurent Tillie, dont c'est la dernière « cape » et qui signe donc ses adieux sur un triomphe, ils ont tous la tête dans les étoiles.

Plombés par la pandémie, cantonnés dans des stades sans spectateurs, ces Jeux olympiques n'annonçaient pas grand-chose de bon, ni pour nos couleurs ni pour les autres. Si ce livre commence par mon «Hymne à l'amour du sport», il se termine, comme ce fut le cas à Tokyo, par «L'hymne à la joie», joué lors de la cérémonie de clôture...

Pour les Français, la joie est collective. Hommage aux «sports co» donc : judokas, fleurettistes, handballeurs et handballeuses, volleyeurs, équipe féminine de rugby, basketteurs, dont la médaille d'argent face aux Américains vaut de l'or – comme pour mieux honorer la devise des Trois Mousquetaires d'Alexandre Dumas : « Un pour tous, tous pour un », rappelée opportunément par *Paris Match*.

Au palmarès des Bleus, garçons et filles obtiennent 15 médailles chacun ! Et 3 pour les équipes mixtes. Comme l'image des vestiaires de l'équipe de France de foot, vainqueur de la Coupe du monde 1998 face au Brésil, les photos de cet «Hymne à la joie» collectif resteront dans nos mémoires.

Rendez-vous aux J.O. de Paris en 2024... Pour moi, l'occasion d'un nouveau Livre d'or.

Extraordinaire médaille d'or obtenue par les Bleus en judo… Si Clarisse Agbégnénou, porte-drapeau de la délégation, repart de Tokyo avec deux médailles d'or (en individuel et par équipe), Teddy Riner, grand « parrain » de l'équipe mixte est pour beaucoup dans cette victoire de prestige, obtenue au Japon sur… le Japon, pourtant grand favori.

Soutenues par les garçons, déjà médaillés d'or, qui organisent une « claque » géante dans les tribunes, les handballeuses remportent l'or olympique contre les Russes (30-25). Avec 43 % d'arrêts, la gardienne Cléopatre Darleux réussit un exploit individuel au sein d'un collectif euphorique, devenu invincible.

Le triomphe en coulisses : ils sont tous là, Zidane, Petit, Deschamps, Barthez, Thuram, Lizarazu, etc... Tous les héros de « France 98 ». En battant le Brésil 3-0 en finale, ils accrochent la première étoile de champions du monde au maillot des Bleus.
Jacques Chirac, Président, Lionel Jospin, Premier ministre et... Guy Drut, partagent la célébration collective et prestigieuse.

Victoire au 110 mètres haies,
J. O. de Montréal, 1976.

REMERCIEMENTS

C'est avec émotion que j'ai recueilli autant de témoignages prestigieux. La participation spontanée de ces figures démontre, ô combien, que le sport réunit des personnalités que l'on pourrait croire inaccessibles. Preuve aussi qu'il transcende tous les clivages, fédère et rassemble. Preuve, enfin, que l'amour du sport est aussi un hymne à la joie partagée.

Merci également à :
Arnaud de Puyfontaine (Éditis)
Philippe Héraclès (cherche midi)
Stéphane Fouks (Havas Corporate)
et Valérie Dumeige (Éditions Arthaud).

Mes fidèles : Maître Lydie Émeraud, Sébastien Chesbeuf, Cyril Nardon et Augustin Pénicaud.

Merci enfin, à « la bande des quatre » :
Marc Brincourt, Dominique Grimault, Patrick Mahé, Michel Maïquez.

En souvenir de Jacques Rogge, président du Comité international olympique de 2001 à 2013.

Tableau connecté réalisé par Cyril Nardon. cyril@artdesignstory.fr

CRÉDITS PHOTOS

Couverture : Gérard Rancinan ; 4e de couverture : Presse Sports ; p. 2 : Getty Images ; p. 4 : Presse Sports ; p. 6-7 : Presse Sports ; p. 8 : Presse Sport ; p. 11 : Getty Images ; p : 13 : Philippe le Tellier/Paris Match/Scoop ; p. 15 : Jack Garofalo ; p. 17 : Getty Images ; p. 18 : Louis Lachenal, p. 19 : Marcel Ichac ; p. 20 : Gérard Géry/Paris Match/Scoop ; p. 22-23 : Jack Garofalo/Paris Match/Scoop ; p. 24-25 : Jack Garofalo/Paris Match/Scoop ; p. 26-27 : Roger Kieger/Presse Sports ; p. 28-29 : Gérard Géry/Paris Match/Scoop ; p. 30-31 : Gérard Géry et Jacques de Potier/Paris Match/Scoop ; p. 32 : Paul Slade/Paris Match/Scoop ; p. 33 : Paul Slade/Paris Match/Scoop ; p. 34-35 : Paul Slade/Paris Match/Scoop; p. 36 : Paul Slade/Paris Match/Scoop ; p. 38-39 : Gérard Géry/Paris Match/Scoop; p. 40-41 : Gérard Géry/Paris Match/Scoop ; p. 42-43 : Patrice Habans/Paris Match/Scoop ; p. 44-45 : Getty Images ; p. 46-47 : Patrice Habans/Paris Match/Scoop ; p. 48 : Rue des Archives ; p. 50-51 : : Presse Sports ; p. 52-53 : Visual Press Agency ; p. 54-55 : Patrick Jarnoux/Paris Match/Scoop ; p. 57 : Presse Sports ; p. 58-59 : AFP ; p. 60-61 : Gilbert Uzan/Gamma-Rapho via Getty Images ; p. 62-63 : Getty Images ; p. 64-65 : Starface ; p. 66-67 : Getty Images ; p. 69 : Vandystadt ; p. 70-71 : Presse Sports ; p. 72-73 : Presse Sports ; p. 74-75, Presse Sports ; p. 78 : Presse Sport ; p. 80-81 : Nourry/Sipa ; p. 82-83 : AFP ; p. 84-85 : Tennis of the World ; p. 86-87 : Presse Sports ; p. 88-89 : Jack Garofalo et Patrick Jarnoux/Paris Match/Scoop ; p. 90 : Bruno Blade/Presse Sports ; p. 92 : Gianni Ciaccia ; p. 93 : Bruno Bachelet/Paris Match/Scoop ; p. 94 : Jean-Yves Rusznieswski ; p. 95 : James Andanson/Getty Images ; p. 96-97 : Legros Lecoq Pichon/Presse Sports ; p. 98-97 : F. Carter Smith/Getty Images ; p. 100-101 : Gérard Rancinan ; p. 102-103 : Dimitri Iundt/Getty Images ; p. 104 : Pichon Boutroux/Presse Sports ; p. 105 : Jack Garofalo/Paris Match/Scoop ; p. 106-107 : Mike Hewitt-FIFA/Getty Images ; p. 108-109 : Lecoq/Presse Sports ; p. 110-111 : Sébastien Micke/Paris Match/Scoop et Starface ; p. 113 : Jacques Lange/Paris Match/Scoop ; p. 114-115 : Caron Philippe/Presse Sports ; p. 116: Photo12/Alamy/PCN Photography; p. 117: Getty Images ; p. 118-119 : DPPI ; p. 120 : Getty images ; p. 122 -123 : Jean Guichard/Corbis ; p. 123-125 : Erik Sampers/Gamma ; p. 126-127 : Boutroux/Presse Sports ; p. 128-129 : Presse Sports ; p. 130-131 : Gilbert Iundt/Jean-Yves Ruszniewski/Getty Images ; p. 132-133 : Lecoq/Presse Sports et De Martignac/Presse Sports ; p. 134-135 : Ian Waldie/Reuters ; p. 136-137 : Lahalle/Presse Sports ; p. 139 : Dave Rogers/Getty Images ; p. 140-141 : Gérard Rancinan ; p. 142-143 : Gérard Schachmes ; p. 144-145 : Gérard Rancinan ; p. 146-147 : David Cannon/Getty Images ; p. 148-149 : Lablatiniere/Presse Sports ; p. 150-151 : Gérard Rancinan ; p. 152 : Vincent Capman/Paris Match/Scoop ; p. 154-155 : Gérard Rancinan/Rob Schumache/Presse Sports ; p. 156-157 : Shi Tang/Getty Images ; p. 158-159 : Jacques Lange/Paris Match/Scoop ; p. 160-161 : Hubert Fanthomme/Paris Match/Scoop ; p. 162-163 : lahalle/Presse Sports ; p. 164-165 : Fablet/Presse Sports ; p. 166-167 : Jean-Claude Deutsch/Paris Match/Scoop ; p. 168-169 : Gérard Rancinan ; p. 170-171 : Damien Meyer/AFP ; p. 172-173 : S. Kempinaire et Wireimage ; p. 174-175 : Paul Cooper/Getty Images ; p. 176 : Michael Regan-FIFA/Getty Images ; p. 178: Philippe Petit/Paris Match/Scoop ; p. 180-181 : François-Xavier Marit/AFP ; p. 183 : Valeriy Bilokryl/Reuters ; p. 184-185 : Getty Images ; p. 187 : Philippe Petit/Paris Match/Scoop ; p. 188-189 : Faugere Franck/Presse Sports ; p. 191 : Fife Franck/AFP ; p. 192-193 : Dominic Ebenbichler/Action Images/Panaramic ; p. 194-196 : Nicolas Tucat/AFP ; p. 197 : Sébastien Boué/Presse Sports ; p. 198-199 : Frédéric Mons/Presse Sports ; p. 200-201 : Frédéric Lafargue/Paris Match et Kevin Escoffier/PRB ; p. 202-203 : Vincent Capman/Paris Match/Scoop ; p. 204-205 : ; p. 206-207 : Nicolas Luttiau/Presse Sports ; p. 206-207 : Carl de Souza/AFP ; p. 208 : AFP ; p. 209 : Philippe Petit, Christian Bruna/EPA/MAXPPP ; p. 210-211 : Patrick Bruchet/Paris Match/Scoop.

DIRECTION ARTISTIQUE
Michel Maïquez

ICONOGRAPHE
Marc Brincourt

COORDINATION ÉDITORIALE
Nathalie Courtois

FABRICATION
Grégory Morin, Jeanne Meslin

CONCEPTION, RÉALISATION
Grizzly Editorial Design

Vous pouvez consulter notre catalogue général et l'annonce de nos prochaines parutions sur notre site : www.cherche-midi.com

ISBN: 978-2-7491-6914-9
Dépôt légal: octobre 2021

92, avenue de France
75013 Paris

Imprimeur: Egedsa